El trabajo como bien escaso
y la reforma de su mercado

Cuadernos CIVITAS

Directores: Manuel Alonso Olea, Rafael Calvo Ortega, Luis Díez-Picazo, Eduardo García de Enterría, Jesús González Pérez, Aurelio Menéndez, Juan Montero Aroca, Gonzalo Rodríguez Mourullo, Rodrigo Uría y Gustavo Villapalos.

Manuel Alonso Olea
Catedrático de Derecho del Trabajo
Profesor Emérito de la Universidad Complutense

El trabajo como bien escaso y la reforma de su mercado

EDITORIAL CIVITAS, S. A.

Primera edición, 1995

Editorial Civitas, S. A.
Ignacio Ellacuría, 3. 28017 Madrid (España)
ISBN: 84-470-0544-5
Depósito legal: M. 21.880-1995
Compuesto en Gráficas Ferven
Printed in Spain. Impreso en España
por Closas-Orcoyen, S. L.
Paracuellos de Jarama (Madrid)

INDICE *

* Sumarios detallados de cada estudio al principio de los mismos.

PROLOGO

A mediados de 1982 pronuncié, invitado por mi colega Fernando Suárez, y se publicó, una conferencia cuyo título, El trabajo como bien escaso, *está incluido en el de este libro; aporté una versión ampliada de ella, repitiendo el título, a las Jornadas Universitarias que a finales del mismo año 1982 se celebraron en Córdoba, auspiciadas por su Facultad de Derecho. Se publicó esta segunda versión en 1983; es la que reproduzco ahora, sin modificación, para mantener su carácter de hija, modesta, de su tiempo.*

Tiempo en el que se estaban ya más que presagiando los fenómenos que quise compendiar bajo la expresión El trabajo como bien escaso *y que hoy, trece años después, son una realidad imponente sin la cual no son explicables los problemas sociales de nuestro tiempo. Quizá esto sirva para dar cuenta del éxito impensado y sostenido de su expresión compendiosa.*

Desde luego, sin la escasez de empleos —más por los que dejan de crearse que por los que destruyen— no tienen explicación plausible la flexibilización ni la «desregulación» de las relaciones de trabajo, ni la tendencia a su individualización en la «post-modernidad» industrial, ni la invasión desbordante de contratos de trabajos atípicos, ni la disgregación en especies mil del convenio colectivo ni, sobre todo y para concluir, los índices persistentes y elevados de paro forzoso.

Esto, que se intenta explicar en El trabajo como bien escaso, *explica a su vez el origen, el contenido y el tiempo de promulgación de las usualmente denominadas Leyes de* Reforma del Mercado de Trabajo. *A ellas —en especial a las Leyes 10 y 11 de 1994, después refundidas en los textos de 1995 del Estatuto de los Trabajadores y de la Ley de Procedimiento Laboral— se dedican los otros dos trabajos de este libro, uno publicado en este año 1995, inédito el otro, que abordan distintos aspectos de los variados y complejos preceptos de aquellas leyes.*

La conexión, pues, entre lo escrito en 1982-83 y en 1995 no creo que necesite argumentación mayor; si alguna necesitara ninguna mejor que la que nos proporciona el párrafo con el que se abre la exposición de motivos de la Ley 10/1994: «la gravedad de la situación económica y su incidencia en el mercado de trabajo concede prioridad a la necesidad de acometer, de manera decidida y urgente, la reforma de las relaciones laborales con el objetivo de luchar contra el paro y potenciar nuestra capacidad generadora de empleo».

Lo que también sirve a su autor para justificar que traiga ahora a colación un escrito de hace décadas y que lo una a otros dos contemporáneos.

Manuel ALONSO OLEA

El trabajo como bien escaso y la reforma de su mercado

EL TRABAJO COMO BIEN ESCASO *

* Apareció este estudio formando parte del libro *Las relaciones laborales y la reorganización del sistema productivo,* Córdoba, 1983. Recogió este libro las ponencias y comunicaciones a las I Jornadas Universitarias Andaluzas de Derecho del Trabajo.

SUMARIO

1. La mutación de las concepciones en cuanto a la duración del trabajo.
   a) *Los nuevos tipos de tecnología.*
   b) *La saturación del sistema de necesidades.*
   c) *La evolución de la demografía.*
   d) *Resumen.*
2. Sobre las perspectivas de trabajo nuevo y de más trabajo.
   a) *Un nuevo sistema de necesidades: ¿Utopía o incoherencia?*
   b) *La internacionalización del sistema de necesidades.*
   c) *Los servicios y el uso del tiempo ocioso.*
3. Los remedios distributivos del tiempo de trabajo disponible.
   a) *La reducción de la jornada.*
   b) *Los turnos de trabajo adicionales y el trabajo temporal.*
   c) *La limitación de las horas extraordinarias.*
   d) *Sobre el pluriempleo y el trabajo a tiempo parcial.*
   e) *El «anticipo» de la jubilación.*
4. Reflexión final.

El título de esta conferencia —que elabora y completa otras anteriores— es, a su elección, *La escasez de trabajo* o *El trabajo como bien escaso.* Si se quiere precisión temporal y no se quiere ahorrar el superlativo al que tan propensos somos, el título sería *El trabajo como el más escaso de los bienes económicos actuales.*

Prescindo de cualquier introducción y entro directamente en el tema; espero que su desarrollo dé cuenta de su titulación.

1. La mutación de las concepciones en cuanto a la duración del trabajo

La experiencia histórica vivida por las generaciones que nos han precedido desde hace aproximadamente siglo y medio, y por la nuestra propia hasta hace aproximadamente diez años, en España y en general en el Occidente; el tiempo histórico transcurrido desde que comenzaron a instalarse en husos y telares las máquinas de vapor patentadas por Watt, hasta época recientísima; el período, por decirlo de una vez, que discurre desde la eclosión de la Revolución industrial hasta la crisis que se anunció por el encarecimiento de los combustibles; durante todo este tiempo cuando se ha o hemos hablado, o nos han hablado, de la duración del trabajo siempre hemos tenido el subconsciente puesto en la necesidad de su reducción. Como aspecto esencial de la cuestión social, la cuestión de la jornada de trabajo, con apellidos cualesquiera —«normal», «máxima», «legal»— ha sido una forma abreviada de expresar la necesidad de reducir los tiempos de trabajo.

La idea matriz era que se trabajaba excesivamente; que se forzaba al hombre a estar ocupado en lo que Aristóteles hubiera llamado sin simpatía el «negocio» demasiadas horas; que —dejando a un lado la carga ideológica o política; razonada o demagógica, de su formulación— la duración del trabajo era una agresión sostenida a la personalidad del trabajador al restar de su tiempo vital el que necesitaba para su educación y su esparcimiento; cuando no, al invadir el trabajo el tiempo de descanso, aliada como estaba la invasión con condiciones innecesariamente insalubres e inseguras de trabajo, y con edades de entrada a este tan abusivamente tempranas que hoy parecen increíbles, cuando no, digo, acortaba o arriesgaba su vida misma.

Si dirigimos ahora, en los días en que nos encontramos, y no mucho antes, insisto, la mirada hacia estos mismos problemas, en primer lugar constataremos, creo, su aparente similitud: se habla hoy como ayer de que las horas de trabajo anuales, semanales o diarias, deben ser reducidas progresivamente, disminuyendo las jornadas diarias, aumentando la longitud del que antaño se llamaba descanso dominical, ampliando los períodos de vacaciones.

Pero una contemplación, que por lo demás no necesita ser profunda en exceso, pero sí que penetre algo bajo la superficie, revela un giro radical en las motivaciones de fondo, por expresarme de algún modo, de la insistencia sobre la reducción de los tiempos de trabajo.

Probablemente ya no se piensa que en general cada uno —sobre todo si trabaja por cuenta ajena y no lo hace precisamente en trabajos directivos o puramente intelectuales, puesto que en éstos los tiempos de trabajo siguen creciendo, aparte de que en ellos, lo mismo que en los trabajos por cuenta propia, no hay fronteras claras entre tiempo de trabajo y tiempo de esparcimiento, entre ocio y negocio— ya no se piensa, digo, que cada uno trabaje excesivamente, menos aún que lo haga durante tiempo abrumador, no apreciándose hoy que en virtud de esta causa antigua siga habiendo una necesidad social estricta de nuevas reducciones del mismo.

Lo que por otro lado debiera ser obvio al contemplar cómo las jornadas reales de trabajo se han reducido, digamos en lo que va de siglo, desde las doce o diez diarias, seis días a la semana, esto es, setenta y dos o sesenta durante ésta, a las cuarenta y dos, cuarenta o treinta y cinco semanales actuales que pueden darse hoy como medias; por no hablar del aumento de las vacaciones (simbólicamente desde los 7 días del artículo 35 de la Ley de Contrato de Trabajo de 1944 a los 23 días del Estatuto de los Trabajadores de 1980), de la conversión del dominical en descanso semanal extenso; o de las reducciones ulteriores de aquéllas, de las jornadas, y ampliaciones de éstos, vacaciones y descanso, a través de las normas sectoriales.

Forzoso es, en vista de esto, formular la pregunta: ¿por qué, situado ya en límites que parecen razonables, se sigue pidiendo y aún con insistencia acrecentada, la reducción del tiempo de trabajo?

Para buscar la respuesta hay que trasladar la pregunta desde cada persona o trabajador al conjunto de personas o trabajadores, y hacerla en contemplación de que unos tienen trabajo al que dedicar su tiempo y otros carecen de él. Dicho escuetamente y con claridad, sin perjuicio de lo que seguiré exponiendo, creo que no se trata de que cada uno deba tener menos trabajo y de que por consiguiente todos trabajen menos, sino de que unos trabajen menos para que el trabajo que así liberan pueda ser apropiado por otros; dicho de otra forma de lo que trata no es de *disminuir* sino de *distribuir* el tiempo total de trabajo; de mantenerlo sin disminución, y si es posible aumentarlo, en búsqueda de su distribución.

La constatación de que efectivamente éste es el enfoque actual sería de gran sencillez ante la abundancia de testimonios procedentes de fuentes variadas y múltiples, las sindicales entre ellas; no voy a hacerla aquí, por no demorarme en la reiteración de lo que tengo dicho en otros lugares (últimamente en *Cien años de Seguridad Social,* en «Papeles de Economía Española», núms. 12-13, 1982; también en mi *Introducción al Derecho del Trabajo* (4.ª ed., Madrid, 1981, pág. 264). *Baste con esta recientísima cita: «no interesa el aspecto intrínseco de la reducción de las horas de trabajo,* sino ... su incidencia sobre el mercado de trabajo..., *un reparto más equilibrado de la oferta de trabajo* entre los demandantes de empleo». No son banales sino que ocultan su carga de tensión social... y son objeto de reflexiones económicas y técnicas serias... frases como «trabajemos menos, trabajemos todos» (P. SANDULLI, *Le chomage,* informe al coloquio sobre «La seguridad social y la crisis económica», Instituto Europeo de Seguridad Social, La Haya, 30 de septiembre-2 de octubre de 1982). En lo que más bien quisiera detenerme es en la naturaleza y en el carácter de los hechos que estos testimonios constatan, y en los problemas duros y esenciales que de ellos derivan.

Resumidos en su formulación, estos problemas son los que prestan su título a las palabras que estoy pronunciando: *El trabajo como bien escaso*. En efecto, la crisis económica actual, la situación crítica por la que atraviesan las relaciones sociales, industriales y económicas de los países desarrollados es, entre otras cosas, pero muy pronunciadamente, una crisis de escasez o falta de trabajo en relación con las personas dispuestas a trabajar una situación colectiva de paro, definida ésta como aquella en que «hay menos trabajos disponibles que personas que quieren trabajar» (J. A. CLARK, *Economic Interpretation of the Relation between Technical Change and Unemployment,* en R. ROTHWELL y W. ZEGVELD, «Technical Change and Employment», Londres, 1979, pág. 15), situación a la vez causada por la naturaleza de las nuevas tecnologías y por la saturación de las necesidades satisfechas por el aparato productivo al que se incorporan. Si se quiere hablar en términos económicos hay un desequilibrio «entre la *demanda* de trabajo (que debe surgir de desarrollos "en la economía y en la tecnología") y la *oferta* de trabajo (resultante "de cambios demográficos y de política social, emigraciones, educación", etc.)» (Ch. FREEMAN *et al., Unemployment and Technical Innovation. A Study of Long Waves and Economic Development,* Londres, 1982, pág. 6; en el original las cursivas).

a) *Los nuevos tipos de tecnología*

La mutación reseñada desde un trabajo cuya reducción se pedía por su carácter abrumador y excesivo, a un trabajo reducido y soportable, pero del cual sigue aún pidiéndose su reducción, ahora por la necesidad o el deseo de su reparto, ha sido relativamente súbita, bien porque no fuera claramente aparente la evolución origen de la mutante, bien porque su carácter pasó de recesivo a dominante *ex abrupto,* supuesto que estos símiles biológicos sean utilizables dentro del contexto en que los uso.

Suponiendo que lo sean, o que se me siga permitiendo su uso metafórico, varias órdenes genéticas han convergido para generar la mutante, son a saber:

En primer lugar la aparición y desarrollo de tipos de tecnología caracterizados por el número de personas sumamente reducido para su aplicación y manejo prácticos. Efecto primario de la invención es incrementar el rendimiento del trabajo humano, y reducir con ello el número de hombres preciso para obtenerlo.

Respecto a la gran Revolución ya se percataron sus testigos de que uno de sus caracteres esenciales era que «una sola máquina efectúa trabajo de miles de hombres», como dijera OWEN. Pero también se percataron los contemporáneos de la evolución sucesiva del sistema industrial abierta a finales del XVIII y principios del XIX, de que a plazo medio y largo las máquinas generaban más empleos que extinguían, al alimentar producciones nuevas y necesidades correlativas y, por tanto, consumos de magnitud inconcebible en el premaquinismo.

En el ejemplo típico —por la violencia de las reacciones contra su implantación, en toda Europa, desde Nottingham a Barcelona; se destruían, como nos han narrado M. I. THOMIS y M. R. ALARCÓN, tanto las máquinas *self-acting* como las castellanizadas *selfatinas;* típico también porque fue la industria punta de la Revolución industrial— en el ejemplo típico, digo, representado por la industria textil, parece hoy evidente que la industria textil mecanizada generó a la larga muchos más empleos que los que hubiera podido generar, si esto hubiera sido siquiera pensable, una prolongación en el tiempo de la industria textil manual; porque aquélla permitió lo que al alcance de ésta no estaba, a saber, la generalización del llamémoslo vestir bien o adecuadamente vestir o vestir a secas, eliminando el harapo como «indumento eterno» del que hablara ORTEGA (prólogo [1933] a J. ORTIZ ECHAGÜE, *España. Tipos y Trajes,* 9.ª ed., Bilbao, 1953, pág. 8), vestir a poblaciones desnudas o mal vestidas, lo que exigió producciones ingentes y dedicación de personal a las mismas que compensó su reducción por aumento de productividad.

Pero respecto de la tecnología moderna, simbolizada por el computador, por las generaciones de computadores más bien, en general por la aplicación a la producción de la electrónica, nadie está seguro de que, tras la reducción inmediata drástica de las necesidades de mano de obra, vaya a la larga a generarse una ampliación de éstas. Los indicios, y las opiniones autorizadas, más bien son los contrarios o mantienen el parecer contrario.

El primer factor en consecuencia es éste: se produce cada vez más con cada vez menos personas; y *rebus sic stantibus* no se ve que esta tendencia vaya a invertirse. *Las cosas estando como están* quiere decir aquí aplicándose las nuevas tecnologías a la satisfacción de las mismas necesidades que satisfacían las antiguas. El efecto de la nueva tecnología es «racionalizador», se dice; queriéndose decir que se produce lo mismo en cantidad con menos trabajadores, o que se produce mucho más con los mismos, o también con menos. El crecimiento, si existe, es un crecimiento sin nuevos trabajos, un —con término ya acuñado y en circulación— *jobless growth* (ROTHWELL y ZEGVELD, *loc. cit.*, págs. 8, 126, 146, 167), del cual existen doquiera ejemplos espectaculares, éste entre ellos: reducción de 870.000 a 40.000, aproximadamente, entre 1955 y 1970, de los trabajadores eventuales de temporada en una campaña normal de recogida de algodón, en Estados Unidos, al introducir una cosechadora mecánica.

Por esta misma formulación nos lleva hacia la segunda orden genética conformadora de la mutante.

b) *La saturación del sistema de necesidades*

Este segundo factor, con toda probabilidad el decisivo, puede formularse así: se está llegando o se ha llegado a una satisfacción generalizada en los países industrializados del sistema de necesidades que sostenía su industrialización.

Hasta tal punto es esto cierto que en más de una ocasión se dice que es inútil, o hay que meditar mucho, que se proporcionen estímulos a la inversión, ante la presencia de cuantiosas inversiones ya hechas, ociosas por falta de posibilidad de colocación de lo que producirían si operaran a rendimiento normal o pleno. La impresión que en el profano en general causa la economía de Occidente es que ésta no se resiente tanto de que se invierta poco, como de que hay una gran incertidumbre sobre en qué invertir. Especialmente si se mira hacia las inversiones en plantas industriales, donde se halla, se nos dice el motor generador de toda inversión.

Cuando menos lo que el común de las gentes —a cuyo número pertenezco— contempla, son mercados sobresaturados, especialmente los de bienes cuya vida útil y normal para sus consumidores o usuarios se prolonga durante varios años, cuando aquéllos no se dejan llevar por la irracionalidad del cambio continuo de su equipamiento personal y doméstico por productos sustancialmente iguales a los que desecha, salvo mejoras técnicas minúsculas o mejor adaptación a la moda de su apariencia externa. Saltar del transporte a pie o en caballería al transporte en ferrocarril o en automóvil y aun, si se quiere, de éstos al transporte en avión, implica la aparición de una necesidad nueva de medios de transporte a satisfacer y, consiguientemente digamos, para el individuo la necesidad de proveerse de un automóvil o una motocicleta o para la nación de una flota aérea; cambiar de automóvil o de aviones con periodicidad distinta y más rápida de la vida normal del uno o de los otros no es satisfacer ninguna nueva necesidad sino atender a un capricho individual o social, o acomodarse a una norma emocional, que no racional, de emulación de los consumos del vecino, sea el de la casa de al lado, sea el de la nación de al lado.

No sé si los ejemplos anteriores son suficientemente significativos respecto a la idea general que quiero expresar, que es ésta: la Revolución industrial inventó un nuevo sistema de necesidades y por eso fue una revolución radical; como milenios antes el Neolítico había inventado a su vez otro sistema de necesidades, y por eso fue también una verdadera revolución, de ahí la comparación insistente entre ambas por los historiadores de las civilizaciones y las culturas, y aún la afirmación temática de que aquéllas han sido las dos verdaderas y únicas revoluciones en los modos de vivir del hombre en nuestro planeta.

Inventado el sistema de necesidades nuevo transcurren decenios o siglos hasta su satisfacción, períodos de desarrollo económico y actividad productiva intensos, que se alargan si van acompañados por un desarrollo demográfico, quizá desencadenado por la posibilidad misma de satisfacer la necesidad inventada; pero que van seguidos de períodos mucho más dilatados, habrá que decir por desgracia, de necesidades ya satisfechas y de estancamiento hasta la invención de un sistema de necesidades nuevo.

La tesis es, pues, que el sistema de necesidades inventado por la Revolución industrial ha quedado ya satisfecho y que los perfeccionamientos técnicos sucesivos mayores o menores, al no satisfacer nada nuevo no hacen sino suscitar la glotonería y tras ésta el hastío; como suscitó una y otro, aunque de otro tipo, quizá más literal, la satisfacción de las necesidades pre-industriales. Si se nos permite la irreverencia hay ciclos u ondas de expansión y de estancamiento cuya duración, la del marasmo sobre todo, comparados con los cuales son minúsculos los que llamaron largos KONDRATIEV y SCHUMPETER. Hay ciertamente una diferencia entre la mejora lenta y continua de la satisfacción de las necesidades y el salto que se da cuando aparece para la misma satisfacción un producto de eficacia y calidad notoriamente mejores; las puntas del ciclo largo serían las de maduración del producto nuevo mediante la generalización de su uso. Pero la situación hoy es mucho más radical: el aparato productivo existente y el conseguible con las nuevas tecnologías exige productos nuevos en masa y éstos no se ven cómo vayan a surgir sino de un nuevo sistema de necesidades.

Se dirá inmediatamente que no es cierto que todas las necesidades actuales estén satisfechas en todas las regiones del mundo, lo que por supuesto es verdad. Volveré en seguida sobre esto.

No voy a volver en cambio sobre una objeción posible a este segundo factor que quizá podría formularse diciendo que todo esto no ha podido ocurrir de un día para otro, o que la historia próxima o muy próxima —las dos décadas comprendidas entre 1950 y 1970, por ejemplo— muestra períodos de desarrollo intenso, o de satisfacción intensa de necesidades insatisfechas, y que esta situación no se compagina con el esquema que estoy describiendo. La respuesta a la objeción es que tales necesidades no eran nuevas y que la necesidad del desarrollo aparente para su satisfacción surgió sustancialmente de las destrucciones masivas del aparato productivo consecuencia de la guerra, que hubo de ser reconstruido y repuesto; como inmediatamente antes el equipamiento para ésta, para la guerra, había reactivado ficticiamente —o irracionalmente, más bien esto; porque la reactivación fue muy real— una actividad económica ya en declive o, cuando menos, sumida en la crisis profunda que presidió la década iniciada en 1929-1930.

La objeción se destruye así, sin más que reflexionar sobre la irracionalidad de los comportamientos que tiene como premisa. Ver la solución en la guerra —o reposar sobre ella aunque no se quiera, o se pretenda no verla— en las postrimerías del siglo XX y, por tanto, en la necesidad primero de construir, para destruir después y para después reconstruir lo destruido —aun dejando a un lado los tipos terroríficos de destrucción hoy posibles, con lo que la hipotética solución carece incluso de realismo— o razonar históricamente que las epidemias de peste en el siglo XIV, y las más suaves sucesivas, solventaron durante largo tiempo los problemas de las producciones, entonces básicamente agrarias, europeas, pensar de este modo, digo, es creer que la solución pasa por la catástrofe previa. Y si la guerra es el último remedio que para todos provee, según la frase implacable de Tomas HOBBES, precisamente al tratar de problemas de desempleo (*Leviathan,* parte 2.ª, cap. 30) ¿para qué pensar y por qué afanarse?

Sólo que la razón humana pide soluciones racionales; del mismo tipo, en cuanto racionales, de las que HOBBES quería buscar, dicho sea de paso, antes de aceptar como irremediable la solución última. La racionalidad pide aquí, como en todo ámbito socio-político, la paz; la paz con la que, dijo el padre MARIANA, significamos todos los bienes, como con la guerra significamos todos los males.

c) *La evolución de la demografía*

En tercer y último lugar —por no hacer inacabable esta lista de causas, pues alguna más podría traerse a colación— ese oscuro y ya aludido motor de la historia que es la demografía, la que asustaba ya a HOBBES, que sigue marchando ahora como siempre, y en los países desarrollados industrialmente haciéndolo ahora por vías muy especiales, e inesperadas para la experiencia histórica.

La Revolución industrial llegó en su día a la biología, a la farmacología y a la medicina, generando técnicas en virtud de cuya aplicación ocurrieron tanto descensos perpendiculares de la mortalidad infantil como aumentos asimismo espectaculares en la duración promedia de la vida humana y con ellos una demografía desbordante. No puedo entrar en este tema ingente; valga la indicación simple y fáctica de que la reacción del país desarrollado fue el control de su natalidad y que el problema para él está hoy no en la base de su pirámide de población, sino en la presencia en la cúspide de ésta de capas envejecidas y ancianas, con posibilidades decrecientes de ocupación a medida que crece su envejecimiento cada vez mayor.

De paso, este es el problema esencial actual de la seguridad social, aquí traducido en un incremento espectacular y continuado del costo de las pensiones de vejez —cada vez más ancianos por más tiempo ancianos— combinado en la generación que nos ha tocado vivir con una disminución importante de la población activa ocupada, escaseando así los recursos para el mantenimiento de la anciana inactiva, recursos que han de dedicarse también, en medida importante, a atender los costos de sostenimiento, a nivel de subsistencia cuando menos, de los activos parados forzosos. Pero de estos temas me he ocupado en otros lugares y no quisiera insistir sobre ellos aquí, ni insistiré, pues remito sobre ellos a las ponencias, comunicaciones e informes presentados en los coloquios de Toledo (1981), Zoetelmeer-La Haya (1982) del Instituto Europeo de Seguridad Social, convocados ambos para estudiar *La seguridad social frente a la crisis económica.*

d) *Resumen*

Si el efecto de reducción de las posibilidades de trabajo por la racionalización resultante del avance tecnológico, factor primero, es patente y claro; si el de la satisfacción de las necesidades y consiguiente saturación de los mercados, factor segundo, deviene igualmente obvio en cuanto se dirija sobre el problema una mirada que penetre un poco bajo su superficie; si evidente es también su efecto primario concurrente de reducción por esta vía de las oportunidades de empleo, esto es, de escasez de trabajo disponible; y si el problema que se agudiza con el adicional de las capas marginales de población, señaladamente de los ancianos, factor tercero, se percibe en toda su gravedad el problema que, reiterándolo, sirve de título a esta conferencia, *La escasez de trabajo.*

2. Sobre las perspectivas de trabajo nuevo y de más trabajo

Expuesta como ha quedado la situación crítica en cuanto al empleo, tal y como acertada o erróneamente la percibe quien os habla, no se puede hurtar el riesgo, por enorme que sea éste, que lo es, de mirar hacia adelante para tratar de ver o entrever las soluciones posibles, o imaginables al menos, y discurrir sobre ellas.

a) *Un nuevo sistema de necesidades: ¿Utopía o incoherencia?*

Es claro que no estoy en posesión de las luces, y carente de éstas del atrevimiento, necesarios para pensar cuál pueda ser un futuro sistema de necesidades del hombre que desencadene un nuevo y potente desarrollo económico y social. El pensamiento utópico es siempre peligroso, pero si carece además de bases lógicas sobre las que discurrir, deja incluso de ser utopía para convertirse en incoherencia. Pensar en un mundo ilógico es incoherente; carecemos incluso de estructuras mentales adecuadas para ello, como en contexto próximo insistentemente dice SARTRE, imaginando quizá que NIETZSCHE, una de sus influencias profundas, había dicho otra cosa (*Questiones de méthode,* en «Critique de la raison dialectique», y esta última, IC 1, págs. 32 y 202 de la ed. País, 1960); por cierto, la noción y la expresión de la *nausée* sartreana sin la menor duda proceden del *Ekel* nietzscheano; la náusea es la misma náusea, como copia que es aquélla de ésta.

Pero no se trata exactamente de esto, ni intento elevarme a estos planos, sino simplemente decir desde el mío modesto que soy incapaz de asomarme a un mundo que a la vez sea lógico y que esté conformado por necesidades enteramente nuevas. Quede esto para el superhombre, como el hombre no definible como ser lógico, que quizá sea lo que NIETZSCHE nos quiso decir, por lo mismo que veía al hombre inexorablemente sujeto a los modos razonables de pensar.

Me limitaré por lo tanto en este respecto a una reflexión baladí, a fuerza de ser obvia; si los hombres han pisado la Luna, e ingenios por ellos construidos se han posado en Venus y Marte, e ingenios por ellos lanzados nos han transmitido fotografías de Júpiter y Saturno, parece indudable que esto anuncia para un tiempo futuro, incierto en el cuándo, no en el sí, una nueva era en los modos de vida del hombre y con ella un sistema nuevo de necesidades para estos nuevos modos de vivir, aquí o donde fuere. Sangra por ello el corazón cuando se oye de decisiones de recortamientos de programas espaciales, mucho más cuando se sospecha que parte de ellos se dedican a investigaciones prebélicas, para iniciar una vez más, ahora en el espacio exterior, el proceso de inversiones para la destrucción, con la duda, que progresivamente va ascendiendo hacia la certeza, de si en esta ocasión la reconstrucción será posible.

Claro es que se puede descender a un plano inferior y decir que si los efectos catastróficos sobre el empleo de las nuevas tecnologías han de ser paliados éstas han de dedicarse a productos nuevos y no a productos viejos generando así alguna de las cortísimas «ondas largas» de desarrollo. Pero las potencialidades ya constatadas de incrementos fabulosos de los rendimientos de las tecnologías nuevas, lo que en el fondo piden, insisto, es un sistema nuevo de necesidades. En el sentido literal de la expresión hay que inventar éstas, como hay que inventar simultánea o sucesivamente los productos nuevos para su satisfacción; sin «la identificación de nuevas fuentes de consumo... es imposible reanudar el crecimiento económico» en una economía madura (Ch. FREEMAN *et al., loc. cit.,* pág. 141), que paradójicamente será desbordada por su tecnología. Esta vez la tecnología ha comparecido en la Historia, a lo que parece, con antelación indebida, y si no se quiere sufrir los efectos catastróficos de su anticipación, el único remedio es estudiar y estudiar, investigar e investigar, «acelerar el conocimiento... hasta que se hallen nuevos tipos de productos para la expansión o nuevo interés en productos viejos» (L. L. PASINETTI, *Structural Change and Economic Growth: A Theoretical Essay on the Dynamics of the Wealth of Nations,* Cambridge Univ., 1981, pág. 235).

Pero nada más diré a este respecto, con todo y con ser el respecto este el verdaderamente esencial.

b) *La internacionalización del sistema de necesidades*

Posiblemente sea éste el lugar más apropiado para retomar la cuestión sobre la que dije hace un rato que iba a volver, la de la insatisfacción actual en amplias regiones del mundo del sistema también actual de necesidades.

Que los índices de desarrollo son distintos en las distintas zonas del globo es hecho notorio y, por tanto, no necesitado de prueba; que la tecnología actual está en condiciones de elevar las regiones subdesarrolladas al grado medio de desarrollo de las industrializadas es hecho tan notorio como el anterior; que existen en éstas recursos ociosos, el trabajo humano incluido entre ellos, de dedicación posible a esta finalidad, parece también evidente, como lo es en consecuencia que las producciones dirigidas hacia las regiones subdesarrolladas encontrarían en éstas un ámbito muy amplio de posibilidades no agotadas de uso y consumo.

Imagino que las dificultades para caminar en este sentido, esto es, para internacionalizar o globalizar el sistema productivo, son básicamente las dos siguientes:

En primer lugar que el tirón inicial hacia este tipo de satisfacción universal del actual sistema de necesidades puede producir escaseces —de todo menos de trabajo, parece, dicho sea de paso— en los países desarrollados suministradores, ante la falta de medios de pago o de intercambio de los en vías de desarrollo suministrados. Se me ocurre que hay que considerar que esta situación sería transitoria, y que como tal debe ser aceptada, aparte de que pueda haber problemas en la depreciación intencionada de los bienes que los países subdesarrollados puedan ofrecer para el trueque. La depreciación histórica de los combustibles líquidos, de la que sólo se ha tomado conciencia con su apreciación súbita y coactivamente impuesta por los productores, es ejemplo bien significativo.

En segundo término la inseguridad en cuanto al pago, no hablemos en cuanto al rendimiento de lo invertido, si de inversión se trata, en países que, sin estructuras administrativas firmes de autocontrol, no se controlan políticamente. Y, probablemente y sobre todo, el riesgo de que la intranquilidad característica de muchos de estos países desemboque en la guerra abierta. La paz universal y perpetua que KANT quería y predicaba, o una razonable aproximación a ella, es así condición indispensable para la internacionalización general de los intercambios en la forma en que tan brevemente ha quedado expuesta.

Que de nuevo este ingrediente para la solución sea utópico, más utópico aún que el relativo al nuevo sistema de necesidades, se admite sin más. No es sin embargo incoherente, está dentro de la capacidad humana conseguirlo y, desde luego, está dentro de la capacidad humana a la vez multiplicar los intercambios —de ahí la actitud antiprogresista y retrógrada del ataque indiscriminado a la «multinacional»— con los países en vías de desarrollo, y ni restringirlos a productos siempre ya fabricados negando la exportación de tecnología para así aumentar la dependencia al «desarrollar el subdesarrollo» o generar la «acumulación del retraso» ni, menos aún, montarlos en parte importante sobre bienes de destrucción —traficar con armas si se ha de expresar la idea sin más— para la reconstrucción penosa después, si acaso, de lo destruido. Pero de esto ya he hablado antes. Quizá aún sea necesario subrayar ahora la escalofriante ceguera nacionalista con que se contemplan los problemas de paro, aun en sus tratamientos económicos científicos, tantas veces en búsqueda de ventajas competitivas, curas del paro en un lado para su agravación en otro; por no hablar de los políticos para los cuales el planteamiento internacional está casi siempre cubierto por una ganga ideológica que al tiempo satisface necesidades propagandísticas y sirve para ocultar y por tanto para negarse a ver los problemas reales. No tanto aquí hay ceguera como antifaz del oportunismo ignorante.

c) *Los servicios y el uso del tiempo ocioso*

No pasa de ser una constatación la de que en los países desarrollados una parte cada vez más cuantiosa de las demandas tiene por objeto aquellos tipos de bienes no tangibles y muy difícilmente cuantificables a los que llamamos servicios. «Más de la mitad de la demanda privada —se ha dicho— se dirigirá [en la década comprendida entre 1981 y 1990] hacia el sector terciario», ofreciéndose en consecuencia como una de las imágenes generales del futuro económico y social la de «una sociedad postindustrial orientada» hacia los servicios (respectivamente, R. CUVILLIER, *Vers la réduction du temps de travail?,* Ginebra, 1981, págs. 142-143 y 170-171, y T. J. WATSON, *Sociology, Work and Industry,* Londres, 1980, pág. XVII).

Por otro lado lo formidable del rendimiento de las actividades de producción de bienes, creciente sin descanso con la aplicación de nuevas tecnologías, y su tendencia paralela a reducir constantemente los períodos de trabajo, como se ha razonado ya abundantemente, a la vez pide y genera una demanda creciente de bienes y, sobre todo, de servicios, de entretenimiento y esparcimiento en los países industrializados, donde estos fenómenos se dan. A menor tiempo de trabajo mayor tiempo de ocio, y necesidad creciente de dedicar éste a alguna forma de actividad para quienes el ensimismamiento, que hubiera dicho ORTEGA, o la contemplación o el simple de recogimiento en el estudio, es difícil de adoptar, mucho más de mantener durante largas horas, sostenidamente durante largos días.

Puede que las *manos invisibles* de las que como rectoras del acontecer económico hablaba Adam SMITH estén ya operando sobre estos presupuestos, encaminando las inversiones hacia los servicios en general y, dentro de ellos, hacia los de ocupación del tiempo creciente de ocio en particular. De donde se saca que no se puede contemplar con una sonrisa indulgente, menos aún con actitud de menosprecio, el destino de recursos hacia este tipo de actividades, tanto más cuanto que son fuentes generadoras de importancia suma de trabajo y, por consiguiente, de creación de puestos para su satisfacción.

Si se quiere evitar toda tentación de condescendencia —un gravísimo pecado éste, en Economía como en todo ámbito de relaciones sociales— piénsese en las necesidades crecientes de bienes y servicios culturales que para sí piden personas cada vez con más tiempo libre; y que si no se satisfacen de este modo, ya se encargará la criminalidad organizada de fomentar modos patológicos de satisfacción, desde el juego ilícito a la droga; quizá incluso, por algún defecto básico de comprensión, del que la permisividad social es fruto, estén ya consumiendo estos servicios asociales o claramente antisociales recursos económicos ingentes. Las manos aquí están sucias y son bien visibles, por lo demás.

Es cierto que los servicios han sido históricamente y con seguridad siguen siendo el refugio característico del subempleo o paro larvado, ocupando a más personas de las necesarias; posiblemente como mecanismo social consciente o inconsciente, con una especie de racionalidad profunda en todo caso, de reparto de trabajo cuando la cantidad del disponible es insuficiente para satisfacer al conjunto de los que lo demandan (que además se reparta miseria, según la expresión consagrada depende de un análisis comparado de los recursos disponibles con las necesidades insatisfechas). Pero aparte de que la producción de servicios puede ser, y está siendo y debe ser, racionalizada también como la producción de bienes, salvo que se quiera desencadenar o mantener la inflación propia de la inversión improductiva, cuando no se paga miserablemente a los subempleados en ella, aparte de todo esto, en definitiva, concluyendo con ello esta parte, que se recomienden las inversiones encaminadas hacia los servicios, no equivale sino a poner de manifiesto la autorrecomendación que a sí propias vienen haciendo las economías nacionales industriales avanzadas, más y más a medida que iban fallando las inversiones industriales, desde hace ya bastantes años. En Europa en concreto desde que concluyó el período postbélico de reconstrucción y se saturaron los mercados de bienes duraderos.

3. Los remedios distributivos del tiempo de trabajo disponible

La última parte de esta exposición va a dedicarse a temas en parte más concretos, en parte más próximos a la realidad de cada día, todos ellos relacionados con medidas que aisladas o combinadas pueden adoptarse, y en medida varia están siendo adoptadas, en nuestro país y fuera de él, para afrontar la situación crítica actual de escasez de puestos de trabajo. Son quizá los que se van a exponer los pequeños, más bien los parciales, remedios al lado de las soluciones generales, si es que se quieren llamar así las que se han dejado expuestas.

Una indicación inicial sobre lo que ahora voy a tratar de exponer me parece de todo punto necesario (aparte de su falta de novedad; tratamientos recientes, entre otros, del problema, los de F. DURÁN, *La reducción del tiempo de trabajo; una aproximación al debate europeo,* núms. 57-58, 1980 de la «Rev. de Trabajo», y R. CUVILLIER, *Vers la réduction du temps du travail?,* ya citada; ambos con abundante bibliografía): se apreciará que de ninguno de ellos aislado, ni probablemente su conjunto, puede pretenderse que resuelva el problema del paro. Cabe incluso dudar que sean soluciones para éste, teniendo entonces el carácter «remedial» simple con que los he titulado. Su objetivo sería permitirnos mantener la cabeza fuera del agua, autosostenernos con las posibilidades actuales en espera de cambios que razonablemente hay que prever, aunque se ignore en qué exactamente el cambio haya de consistir ni cuáles sean sus magnitudes.

a) *La reducción de la jornada*

Sobre el primer remedio que viene a la mente, el de ulteriores reducciones de la jornada de trabajo, no quiero insistir especialmente, por cuanto de hecho se están produciendo. No ya la historia legislativa general remota de la jornada máxima a la que ya me referí lo demuestra así hasta la saciedad, sino también la reducción paulatina del número anual de horas de trabajo efectivo que puede apreciarse hoy en nuestro país, año a año en los recientes, estudiando las normas sectoriales, señaladamente los convenios colectivos.

Este es el lugar, por cierto, para señalar cómo la expresión jornada ha desnaturalizado su etimología a través de su uso. *Jornada* no alude ya o no sólo alude ya al número de horas que se trabajan o al trabajo prestado durante un día, a la fatiga de un día del jornalero, como dijera VICO, sino al de las horas que se trabajan durante la semana —ésta es la unidad de tiempo hoy más relevante para conjugar trabajo y descanso— y aun al de las que se trabajan durante el año. Lo que tiene su importancia porque permite una flexibilización y acomodo mucho mayor de los tiempos de trabajo que la que consentía el sistema más antiguo de fijación rígido de una jornada diaria. De hecho en general hoy nueve horas diarias, y aún más en determinadas actividades, están dentro de la «jornada» ordinaria o normal, como lo está incluso su distribución desigual entre las semanas, si no se exceden los límites anuales, lo que permite tipos de distribución de tiempos antes impensables o muy difíciles al confeccionar los calendarios (que además de calendarios suelen ser horarios, dicho sea de paso) anuales de trabajo.

Pero, decía, esta reducción del tiempo de trabajo se está produciendo, y a bastante velocidad, a través de las normas sectoriales; una reducción general imperativa, sin tener en cuenta o tratando de uniformar éstas sería probablemente perturbadora, lo que no quiere decir que llegada una determinada agudización de la crisis no sea necesaria. Puede también pensarse en un aumento general del tiempo de vacaciones anual, si éste no implica el cierre de la planta o establecimiento durante la vacación, porque ello permite la apertura de puestos temporales de trabajo para suplir a los que se hallan en turno de vacaciones mientras éstas duran, fórmula de trabajo temporal muy aceptable para paliar algunas vertientes del desempleo juvenil, sobre el que deben concentrarse los esfuerzos; repárese que en España los jóvenes —entre dieciséis y veinticuatro años— son más de la mitad de los parados (el 57,5 por 100 exactamente en 1979); más de la cuarta parte de los jóvenes está parada (el 25,2 por 100 exactamente en 1979).

La reducción de los tiempos de trabajo, si ha de cumplir con la finalidad que ahora se propone para ella de generar nuevos puestos, frente a la tradicional de evitar el agotamiento del trabajador, no debe tener como consecuencia —como no debe tenerla el aumento de las vacaciones, según se dijo; pero aquí en grado mucho mayor aún— la inactividad del establecimiento o planta sino, por el contrario, su funcionamiento continuado, lo que implica la utilización cada vez más intensa del sistema de turnos de trabajo.

b) *Los turnos adicionales de trabajo y el trabajo temporal*

Imagino que seguirá siendo verdad la frase que oí hace ya mucho tiempo de que no hay máquina ni instalación, ni en general inversión, que resulte cara si se la puede hacer funcionar día tras día las veinticuatro horas del día hasta su completo desgaste o amortización.

Los turnos de trabajo son, mirando el problema desde el personal, el sistema más adecuado para cumplir con esta finalidad. No el sistema de doble turno conocido de antiguo, ni aun el de tres existente en algunas fábricas. Se puede pensar en un cuarto turno de trabajo, acomodando los horarios diarios y jugando con la elasticidad que consienten las jornadas semanales y anuales, a diferencia de las diarias, y la posibilidad de traslado de unos a otros días de los domingos y feriados.

Es claro que la implantación de un turno tercero o cuarto implica la admisión de personal nuevo y adicional y puede, por ello, tropezar con las reticencias generales acerca de la ampliación de plantillas, que se agudizan en épocas de crisis como las agudas actuales. Para en parte contrarrestarlas no parece que haya otro sistema sino el de la flexibilización del empleo y de la duración de los contratos de trabajo, combinado con un sistema adecuado de prestaciones de paro. Desde hace tiempo se viene señalando la presencia junto a normas «estructurales» centradas sobre la estabilidad y permanencia en el puesto de trabajo que se tiene, de normas «coyunturales» centradas sobre la facilitación de la adquisición del puesto de trabajo que no se tiene y aun de la tendencia de que la coyuntura mute en estructura, el paso de la contratación temporal de la anécdota a la categoría de que habla DIÉGUEZ, o el anuncio del fin de un principio, el de estabilidad del empleo, del que habla OJEDA.

Hoy parece finalidad social dominante, y es desde luego más urgente, en vista de lo que tan sumariamente se ha expuesto crear nuevas posibilidades de trabajo que mantener indefinidamente los trabajos que se tienen, de ahí que la coyuntura tienda a convertirse en estructura. Influye decisivamente sobre ello la concentración del paro sobre los que por primera vez pretenden obtener un empleo, señaladamente sobre los jóvenes, como ya se ha dicho; por dar alguna referencia adicional reciente: «el estado persistente de depresión económica en que vivimos tanto en los países industrializados como en los en desarrollo tiene efectos cada vez más negativos para la situación de millones de jóvenes que se encuentran indefensos, sin empleo, sin ingresos, sin protección social...»; «el desempleo es el más crítico de los problemas sociales y económicos de la juventud»; «las dificultades de empleo de los jóvenes continúan agravándose en todo el mundo...

[inscritas]... por doquier en un contexto económico generalmente deprimido» (*Memoria del Director General* a la 68.ª Conferencia Internacional de Trabajo, Ginebra, junio, 1982; págs. 2, 7 y 43).

Pero todas estas cuestiones habrían de ser el tema de otra charla o conferencia que no de ésta que ya va resultando larga en exceso (y van a serlo, según tengo entendido; en efecto, para el año que viene se anuncia un seminario o coloquio en Ginebra precisamente sobre el tema de la contratación temporal como forma de reacción frente a la crisis de empleo; para el XI Congreso de la Sociedad Internacional de Derecho del Trabajo, en 1985, se anuncia el estudio de las «formas atípicas» actuales de contratos de trabajo, y los temporales y a tiempo parcial se ponen como ejemplo). Me limito, pues, a dejar apuntada una cuestión que podría formularse así: en épocas de trabajo escaso, como las actuales lo son, la coexistencia de cuadros fijos con cuadros móviles o eventuales de personal y la ampliación para éstos de las posibilidades de trabajo temporal o por tiempo no indefinido, parecen necesarias; desgraciadamente necesarias o mal menor frente al mayor actual de qué los puestos de trabajo no se lleguen a crear; quizá por ello en nuestro país hoy se concibe la contratación temporal por el Estatuto de los Trabajadores [art. 15.1.*d)* y art. 17.3], y se regula en sus normas complementarias precisamente como «medida de fomento del empleo».

c) *La limitación de las horas extraordinarias*

Modalidad especial de la reducción del tiempo de trabajo es la prohibición o limitación del trabajo en horas extraordinarias, tema al que, no obstante ser conocido y discutido de antiguo (y desde perspectiva antigua: excesos agotadores de jornada), hay también que aproximarse con las precauciones propias de toda reflexión sobre cuestiones sociales.

Por lo pronto habría que dejar fuera de consideración las horas propiamente extraordinarias, por expresarme de algún modo, esto es, las debidas a la excepción de emergencia, las que el Estatuto de los Trabajadores —siguiendo por lo demás una larga tradición legislativa— prevé, «para prevenir o reparar siniestros u otros daños extraordinarios y urgentes»; a las que cabría añadir las que respondan a un aumento momentáneo y ocasional de trabajo o a una urgencia verdaderamente imprevista de éste. Su necesidad es tan evidente que no merece la pena que sea discutida.

Y de otro lado habría que comenzar diciendo también que la práctica y los estudios sobre ellas parecen demostrar que las horas extraordinarias no se reducen recargando los salarios por el trabajo realizado durante las mismas. Es más, puede darse hoy como generalizado el parecer de que el mayor salario que ordinariamente se obtiene por las horas extraordinarias incentiva éstas, al desencadenar presiones fortísimas por parte de los trabajadores para su establecimiento, especialmente allí donde los salarios son bajos o están erosionados por la inflación; aunque la mera apetencia de los bienes que el mercado ofrece por sí sola es ya causa de incentivación.

En cuanto a lo primero, lo que procedería en consecuencia sería limitar las horas extraordinarias a las que, contempladas desde el trabajo que durante ellas se ejecuta, efectivamente lo fuera, eliminando las que de tales tienen sólo el nombre, por corresponder bien a actividades habituales bien a actividades anormales fácilmente previsibles y de hecho previstas, las estacionales por ejemplo. Las prácticas extendidas tácitamente, y en más de un convenio colectivo explícitamente, muestran la presencia de las llamadas, casi en demostración de que no lo son, «horas extraordinarias» *habituales,* que consisten en realidad en un alargamiento con mayor salario de la jornada normal, alargamiento no debido a trabajo anormal o extraordinario.

En cuanto a lo segundo, esto es, en cuanto a la forma de limitar las horas extraordinarias, como quiera que una prohibición drástica —aparte de suscitar hondos y complejos problemas jurídicos de muy alto nivel y de difícil solución— sería probablemente contraproducente, dejaría de tener en cuenta los casos en que las horas extras son verdaderamente necesarias y forzaría quizá a un sistema pesado y poco práctico de inspección; en vista de todo esto, digo, la vía transitable por la que ya se va avanzando es la de encarecerlas no a través de aumentos salariales, sino de cargas adicionales, fiscales o de seguridad social; es una vía parece que eficaz, y sobre la que se podría seguir insistiendo, reforzándola incluso.

Sobre todo, sin embargo, lo que hace falta es la convicción de los perjuicios comunitarios que para la posibilidad de creación de empleos adicionales derivan de la admisión de las horas extraordinarias, tanto más agudos cuanto más laxo se es al respecto. Convicción que podría ser ayudada por un método técnico en virtud del cual resultara de costes iguales o similares, o superiores, utilizar el trabajo extraordinario de un trabajador ya empleado que utilizar el ordinario de un trabajador nuevo a que se emplee a tal efecto. La cuestión de los contratos de trabajo por tiempo determinado o no indefinidos incide también sobre estos problemas; no como solución alternativa sino conjuntamente utilizada con la restricción de las horas extras.

d) *Sobre el pluriempleo y el trabajo a tiempo parcial*

Por supuesto una nueva e importante vertiente para abordar mediante reparto la escasez de trabajo es la contemplación y corrección de los fenómenos de pluriempleo, que en sustancia siguen siendo los mismos que como defecto de la constitución de Cartago criticara ARISTÓTELES hace más de dos mil años (y por cierto con una ironía en él no frecuente: «cada labor es realizada mejor por un individuo [aparte de que, si de magistraturas públicas se trata, ello sea "más constitucional ... más popular"] y el legislador debe procurar que sea así, en lugar de ordenar que la misma persona toque la flauta y haga zapatos» (*Política,* 1273 b). O, si se quiere cita más próxima en lugar y tiempo, los mismos que para la España de finales del XVIII, citando por cierto a ARISTÓTELES, apreciaba CAMPOMANES: «los oficios se acumulan en pocas personas, ejerciendo una muchos empleos a un tiempo, de consiguiente con poca intención y conocimiento» (*Discurso sobre el fomento de la industria popular,* cap. XXI). Quizá los pluriempleos no sean importantes respecto de los trabajos manuales, los de tajo, fábrica, obra o taller, no sabría decirlo con exactitud, aunque la *chapuza,* hablando en términos vulgares, o el *sector no estructurado de las economías urbanas,* si se prefiere la terminogía culta, del que aquélla es parte integrante, no parece que tenga ninguna tendencia a desaparecer. Bien es verdad que este sector, parece, no tanto trae su causa del pluriempleo como de las cargas, de seguridad social sobre todo, que pesan sobre el empleo único o básico. No es éste tema en el que pueda entrar ahora, ni el título de esta disertación me lo pide.

En cambio es impresión generalizada la de que si son importantes estos fenómenos en las tareas subalternas, administrativas y técnicas, empujando hacia el pluriempleo la circunstancia posible de algún abuso formal en cuanto a las retribuciones de estos tipos de trabajo, especialmente en cuanto a las cuotas de seguridad social, que reaparecen aquí de nuevo.

La prohibición radical de que una persona se pluriemplee, esto es, de que convierta en trabajo todas sus horas y todos sus días, quiero decir que dedique a trabajos remunerados al servicio de más de un empresario tiempos en exceso de los normales, atentaría a su esfera de libertad y probablemente sería inviable; no tanto si el pluriempleo es en sí mismo abusivo, esto es, si alguno de los trabajos supuestos está encubriendo tiempo de ocio, o se están solapando dos o más trabajos y en realidad no ejecutando ninguno o alguno de ellos.

Salvo en estos últimos infrecuentes casos, se trataría, como respecto de las horas extraordinarias, de desincentivar el pluriempleo, bonificando los trabajos a tiempo parcial de quienes no disfruten de otro empleo y recargando en cambio los costes de quienes estén ya en posesión de él.

El trabajo a tiempo parcial debe situarse precisamente dentro de este contexto, porque si se autoriza o protege sin restricciones se corre el riesgo de precisamente incentivar el pluriempleo, finalidad contraria a la perseguida o a la que debiera perseguirse.

Repárese últimamente, en cuanto al punto que ahora estoy considerando, en que, concentradas donde lo están las situaciones de pluriempleo, según lo recién expuesto, una adecuada regulación de éste serviría para paliar el desempleo allí donde éste es más grave, según he dejado dicho, esto es, entre los jóvenes que por primera vez acceden al mercado de trabajo.

En suma, si no podemos hacer lo que no sabemos, hemos de hacer al menos lo que sabemos; y desde luego dejar de hacer lo que sabemos que es contrario a lo que nos proponemos.

e) *El «anticipo» de la jubilación*

El tiempo de trabajo global de una persona es el resultado de multiplicar su trabajo anual, al que ya me he referido abundantemente, por el número de años de su vida activa. Estos años de vida activa, y con ellos el tiempo global de trabajo, han aumentado vertiginosamente para cada persona y para la totalidad de la población, debido al gran aumento de la duración media de la vida humana; de forma que en un país industrializado el problema del «envejecimiento de la población» va sustituyendo paulatinamente al del crecimiento demográfico en la base como problema demográfico grave, como bien están notando hoy los sistemas de seguridad social, por cuanto aquel envejecimiento tiene como uno de sus efectos múltiples el coste creciente abrumador de las pensiones de vejez. Pensionada la ancianidad jubilada, como no puede por menos de serlo precisamente en nuestros tiempos de disolución, buscada o no de propósito, de la comunidad familiar, si los jubilados son cada vez más y cada vez viven más años como jubilados, el efecto casi automático de esta doble circunstancia es el aumento de sus costes de sostenimiento para la comunidad, cuyo ingrediente básico son las pensiones de jubilación (otros aparte, señaladamente el de los servicios sanitarios, de los que el anciano es elevadísimo consumidor).

Y sin embargo, el problema de creación de nuevos puestos de trabajo es tan acuciante que, pese a lo anterior, cada vez más se ensayan más y más sistemas directos o de incentivación de jubilaciones anticipadas respecto de la edad normal de ésta, que, en el sector privado, está alrededor de los sesenta y cinco años.

También este remedio de la escasez de puestos de trabajo —dejando a un lado los problemas jurídicos que plantea su radicalización, de lo que es ajemplo en nuestro derecho la declaración de inconstitucionalidad *secundum quid* de la disposición adicional 5.ª del Estatuto de los Trabajadores por la sentencia del Tribunal Constitucional de 2 de julio de 1981— es aceptable, pese a que aisladamente no tenga frutos espectaculares y a que en los programas de reconversión las plazas dejadas por los anticipadamente jubilados tiendan más a ser amortizados que a ser cubiertas por el personal de nuevo ingreso.

El problema aquí es el de los costes, y no referidos éstos a una entelequia, sino a los que la comunidad está dispuesta a aceptar para sostener a estos ancianos prematuros junto a los convencionales.

Pero quizá esto reza respecto de todos los remedios hasta aquí analizados. Con las producciones estancadas por la crisis profunda que se ha descrito y mientras lo estén, repartir trabajo quiere decir repartir retribuciones de trabajo y repartir riesgos —el riesgo de paro incluido— y muy señaladamente ahora quiere decir aceptar detracciones de los salarios para que aquéllos puedan ser atendidos. Naturalmente que se puede dirigir la mirada hacia los beneficios de las explotaciones, públicas y privadas, de sectores cualesquiera de la economía, y naturalmente que se ha dirigido, lo que ocurre es que el panorama que se descubre, se nos dice y demuestra, obliga a mirar hacia otros lugares. Como quiera que las cargas se soportan por quien tiene una posición débil en el mercado, y ésta la padecen hoy los titulares públicos o privados del aparato productivo, las adicionales sólo servirían para acentuar aún más los procesos de descapitalización y consiguientemente, de restricción adicional del empleo.

4. Reflexión final

Lo anterior por muy espectacular que haya podido parecer quizá su presentación primera, y por muy nimias, quizá también, que hayan podido parecer las pretendidas medidas de la segunda parte, ni describen en su plenitud aquélla ni agotan éstas. Sólo se ha pretendido hacer un bosquejo a la vez teórico y práctico, como no podía por menos de ser, sobre *El trabajo como bien escaso.*

Otros muchos problemas habrían sido abordados: con más detenimiento el recién apuntado de la seguridad social y sus costos y su impacto sobre el empleo; el de la incorporación masiva de las mujeres al trabajo externo, incluido desde luego el trabajo intelectual externo por el aumento de su propensión al trabajo, que tan profundos y tan variados efectos tiene sobre las situaciones de paro; el contenimiento de la inflación, visto que ésta hace derivar la inversión, si es que en alguna medida la sostiene, hacia la especulación no productiva y profundamente antisocial; el de la tranquilidad política y social que genere una psicología de confianza —«la atmósfera social... [sin] nervios ni histeria», sin malas digestiones, que tan gráficamente describió KEYNES *(General Theory,* ed. Nueva York, 1936, pág. 162)— para crear cuando sea posible las bases de una inversión a largo plazo, de la que surjan nuevos puestos de trabajo.

En alguna medida porque he tratado de algunos de ellos en otros lugares, en medida mucho más amplia por mi incompetencia para profundizar la reflexión seriamente sobre los más y, sobre todo, por no seguir abusando de su paciencia y benevolencia, voy a concluir aquí. Haciéndolo con una nota de optimismo, a la vez porque hay que ser providencialista en la contemplación de los fenómenos históricos, ya que de otra forma éstos carecen por completo de sentido; porque hay que confiar en el ingenio humano para la solución de los problemas humanos, y porque, en último término, como bien se ha dicho (por MILLÁN PUELLES, precisamente hablando sobre *El impacto de la crisis económica en el mundo actual*) todo enjuiciamiento pesimista que esté allende el optimismo que no quiere ver males donde los hay, aparte su propia megalomanía «de grandezas negativas...: ruinas, desastres y cataclismos», tiende a revertir sobre las cosas enjuiciadas, de tal modo que «aun en el caso de que estén muy mal, todavía las hace estar peor, porque inhibe la voluntad de ponerles remedio».

Reinterpretando una famosa frase de HEGEL y refiriéndola a la aplicada a productos nuevos, «cuando la historia lo necesita, la técnica comparece» (*Vorlesungen über die Philosophie der Geschichte,* 4.ª.2.III; *Werke,* Francfort, 1970, vol. 12, pág. 491); o mejor aún, con una frase esperanzada y profética: «me niego a creer que la humanidad contemporánea, capaz de realizar tan prodigiosas hazañas científicas y técnicas, sea incapaz, a través de un esfuerzo creador inspirado por la naturaleza misma del trabajo humano y por la solidaridad que une a los seres, de encontrar soluciones justas y eficaces al problema esencialmente humano que es el del empleo» (*Alocución* de Su Santidad Juan Pablo II a la 68.ª Conferencia Internacional del Trabajo, Ginebra, 15 de junio de 1982; Actas provisionales de la 20.ª sesión, pág. 21/6). Un problema, insistiría poco después, «ya endémico en el mundo... no producto de circunstancias pasajeras», un problema no «meramente económico o sociopolítico... [sino también]... *ético,* espiritual... síntoma de la presencia de un *desorden moral*», que pide no sólo la creación de nuevos puestos de trabajo, como «*una prioridad* tanto económica como política», sino también la renuncia, «por solidaridad al "doble" empleo y al recurso sistemático al trabajo "extraordinario", que reducen de hecho las posibilidades de admisión para los desocupados» *(Discurso a los trabajadores y empresarios,* Barcelona, 7 de noviembre de 1982; diario «Ya» de Madrid del día siguiente; en el original las cursivas).

En esta espera estamos; y de lo que se trata hoy por hoy, es de hacerla lo más llevadera posible, lo más económicamente tolerable y lo menos socialmente injusta.

LA REFORMA DEL MERCADO DE TRABAJO (I) *

* Apareció este estudio en el número 24, 1994, de los *Anales* de la Real Academia de Jurisprudencia y Legislación, recogiendo mi disertación en las sesiones ordinarias de la misma de los días 21 de febrero y 7 y 21 de marzo de 1994. Como hice en ellas, y aprovechando esta ocasión para corregir algún error, trazo un panorama general de la reforma y me refiero después a dos puntos concretos (la protección del alto directivo por el Fondo de Garantía Salarial y la derogación de la disposición final 4.ª del Estatuto de los Trabajadores). Una versión de su primera parte fue mi aportación a *Reforma de la legislación laboral. Estudios dedicados al Profesor Manuel Alonso García,* Madrid, 1995.

SUMARIO

I. La finalidad de las Leyes de reforma según sus preámbulos

No suelen ser muy expresivas entre nosotros las exposiciones de motivos ni de las normas jurídicas en general, ni de las leyes en particular, más bien, en ocasiones, cuando quieren hacer algo más que pedir disculpas por lo que mandan, disimulan el contenido de lo mandado, especialmente si los mandatos no son portentosos ni simpáticos.

Pero en el caso de las normas de la «reforma laboral», así llamada —cuyos preámbulos participan con intensidad mayor o menor de alguno de los defectos dichos respecto de algunas partes importantes de su contenido— su finalidad esencial aparece con claridad suficiente, ya que no meridiana.

En efecto, una lectura rápida de los de las tres leyes a tratar nos ilustra así:

— En la Ley 10/1994, de 19 de mayo, de *sobre medidas urgentes de fomento del empleo:* «la gravedad de la situación económica y su incidencia sobre el mercado de trabajo, concede prioridad a la necesidad de acometer ... la reforma de las relaciones laborales ... [para] ... luchar contra el paro».

— En la Ley 11/1994, de 19 de mayo, *por la que se modifican determinados artículos del Estatuto de los Trabajadores, del Texto Articulado de la Ley de Procedimiento laboral y de la Ley sobre Infracciones y Sanciones en el Orden Social:* «el planteamiento de una reforma del Estatuto de los Trabajadores en el ámbito de las decisiones políticas dirigidas a la creación de empleo...» «... no hay que ignorar la importante contribución que para el objetivo del empleo, supone el contar con una regulación laboral...».

— En la Ley 14/1994, de 1 de junio, *por la que se regulan las empresas del trabajo temporal,* aunque su superferolítico preámbulo cante hoy las glorias de las hasta ayer denostadas empresas de trabajo temporal, y sin entrar a juzgar de la gloria ni del denuesto, parece imposible negar la evidencia de que su promulgación virtualmente simultánea con las otras dos leyes, tiene un mismo origen, que, por lo demás, aunque no patentiza, deja entrever el preámbulo; en efecto, nos dice, las empresas de trabajo temporal «pueden canalizar un volumen muy importante de empleo»; «constituye[n] un mecanismo importante para acceder a la actividad laboral».

En suma, en la escasez de empleo y en la abundancia de desempleo, en el paro forzoso resultante de *El trabajo como bien escaso* —por decirlo con el título de un estudio mío publicado hace más de diez años—, hay que buscar, y en él se halla, el origen casi seguro de la «Reforma laboral». Otra cosa es si la reforma sirve, y en qué medida sirve, a su finalidad y, por tanto, si contribuye y en qué medida para responder a las cuestiones con que se enfrenta.

II. El empleo y el paro

Lo inmediatamente anterior aparte, el paquete normativo cuyo núcleo lo forman las tres leyes citadas, en efecto mira hacia el problema crucial de nuestra época. Citando sólo fuentes no nacionales, entre otras mil:

El «Libro Blanco» de las Comunidades Europeas *Sobre Crecimiento, Competitividad, Empleo. Retos y pistas para entrar en el siglo* XXI, hecho público a fines de 1993, comienza su página primera, párrafo primero, preguntándose «El por qué de este Libro Blanco», contestando el segundo: «La razón es una sola. Una palabra: el paro».

Doquiera en el «Libro Verde», también de finales de 1993 de las Comunidades Europeas, sobre la *Política Social Europea:* «las causas y las consecuencias de un paro elevado y creciente en Europa constituyen el mayor desafío actual de los Estados miembros de la Unión Europea». En la primera página del «Resumen» de este Libro, publicado ya en 1994, se habla de que «la política social [de la Unión] entra en una fase crítica», uno de cuyos «grandes factores es ... la situación económica cambiante, que especialmente se traduce en tasas importantes de paro».

De ahí que las preguntas primeras que es preciso formular en cualquier análisis de las Leyes sobre *La reforma del mercado de trabajo,* para enjuiciarlas positiva o negativamente, son: ¿van a servir para crear empleo?, ¿van a servir para disminuir el paro?

Las preguntas segundas son las relativas a hasta qué punto, no ya el fin justifica los medios —que en abstracto los justifica por la importancia del fin— sino, en concreto si se justifican precisamente los medios determinados de que usan. Juicio nada sencillo, por la misma complejidad de la reforma y la variedad de su contenido en unas ocasiones próximas al fin buscado y, en otras, a primera vista cuando menos, muy alejadas de él.

III. ALGO MÁS SOBRE LOS PREÁMBULOS, MIRANDO YA TAMBIÉN A LA PARTE DISPOSITIVA

Bajo esta laboriosa rúbrica quiero referirme a lo que sigue.

A) *El contrato de aprendizaje*

Esencial en la Ley 10/1994 es la nueva regulación del aprendizaje. Aparte del acierto de llamar a las cosas por su nombre (se vuelve al de *aprendizaje,* abandonándose el anodino «contrato de o para la formación», bobada terminológica introducida por el Estatuto de los Trabajadores; ET en adelante) lo característico de la nueva regulación del aprendizaje consiste en su transformación en un contrato de fomento del empleo o, al menos, en añadir esta característica a las ordinarias definidoras del aprendizaje, contrato mixto por el que al tiempo se enseña por el empresario al aprendiz y se aprovecha y paga el trabajo de éste. Volveré esto.

3) *La «potenciación de la negociación colectiva»*

La potenciación de la negociación colectiva a la que insistentemente se refiere el preámbulo de la Ley 11/1994 es realmente muy relativa o, mejor dicho, es en buena parte una potenciación de los convenios colectivos impropios frente a los estatutarios. Por si no hubiera tiempo de volver sobre esto, y por dar algunos ejemplos de ello, repárese en que la nueva redacción del artículo 41 del ET por la Ley 11/1994 tiene como uno de sus aspectos la posibilidad de modificar «las condiciones establecidas en los convenios regulados en el Título III [del Estatuto de los Trabajadores] ... por acuerdo entre la empresa y los representantes de los trabajadores», en cuanto a horarios, régimen de trabajo a turnos y sistema de remuneración y de trabajo y rendimiento. Pero sobre todo, no deje de noticiarse la modificación del número 3 del artículo 82 también del Estatuto, conforme a la cual, no sólo los convenios colectivos de ámbito superior a la empresa, pueden prever que no se apliquen «a la empresa cuya estabilidad económica pudiera verse dañada» por su aplicación, sino que además, si tal previsión faltara, cabe acuerdo en el mismo sentido «entre el empresario y los representantes de los trabajadores cuando así lo requiera la situación económica de la empresa».

No se trata ahora de hacer una crítica favorable ni adversa de estos preceptos, sino señalar su incongruencia con lo que es, según el preámbulo su «gran hilo conductor ... la potenciación de la negociación colectiva», derivada del equívoco que esta expresión envuelve aquí; porque incluso cuando por el contexto hay que entender que la referencia al convenio colectivo se hace precisamente al propio o «estatutario», esto es, al formal regulado por el

Título III del ET, es frecuente que la tal referencia aparezca en la Ley 11/1994 como alternativa de otras formas menos solemnes de fijación de las condiciones de trabajo. La ley pasa efectivamente a segundo plano, pero en su lugar comparecen, citando algunos ejemplos, «convenio colectivo *o contrato individual*» (art. 25.1 [nuevo] del ET, sobre promoción económica); «convenio colectivo *o acuerdo entre la empresa y los representantes de los trabajadores*» (art. 34.3 [nuevo] sobre fijación de las horas ordinarias diarias); «convenio colectivo *o ... contrato individual*» (art. 35.1 nuevo sobre salario de las horas extraordinarias); «negociación colectiva ... *o acuerdo entre la empresa y los representantes de los trabajadores*» (art. 22.1 [nuevo] sobre clasificación profesional); etc.

Es claro que en alguno de estos preceptos, no en todos, existen unos mínimos legales implícitos; pero es claro también que estos límites se aplican a lo que se convenga colectivamente. La diferencia está en que antes (en las redacciones anteriores de los artículos en cuestión) los mínimos eran mucho más preciosos —y más elevados (notorio esto en los salarios de las horas extra)— y estaban fijados directamente por el Estatuto, esto es, por la ley.

Contribuye este relajamiento de la ley, con seguridad, a la judialización intensa que probablemente va a derivar de la aplicación de las reformas. Pero a esto me referiré después.

(Un paréntesis aquí: los *acuerdos con los representantes de los trabajadores* a que se ha aludido se celebran normalmente por el empresario con el comité de empresa o los delegados de personal, que es una representación real y directa; mientras que los *convenios colectivos* pueden haberse celebrado con representantes simbólicos, a través de las llamadas «más representatividad» y representatividad «por irradiación»; la preferencia por aquéllos frente a éstos puede ser así una llamada al realismo y a la defensa de los derechos e intereses de los trabajadores que forman el cuerpo electoral, que no es sindical de ámbito externo, sino el de ámbito interno a la empresa.)

IV. Dos consideraciones sistemáticas

Con las que me quisiera referir a las que siguen, en evitación de posibles confusiones.

En primer lugar, figurando en el título de una de las Leyes, la Ley 11/1994, la indicación de que por ella *se modifican determinados artículos del Estatuto de los Trabajadores* ... podría parecer como si en ella estuvieran en efecto concentradas las modificaciones del Estatuto que opera el complejo normativo de la *Reforma del mercado de trabajo.* No es así. Gran parte de las normas de la Ley 10/1994 modifican también, y muy profundamente, artículos del ET; basta mirar su *disposición derogatoria* única que borra del Estatuto y da también nueva redacción a los artículos 11 (contratos de aprendizaje y en prácticas), 12 (trabajo a tiempo parcial), 15.6 (contratos de temporada), 16.1, 2 y 3 (ingreso al trabajo) y 43 (cesión de trabajadores). Resulta así que de los cinco extensos artículos de la Ley 10/1994, los cuatro primeros y más extensos son precisamente modificaciones del Estatuto de los Trabajadores. Sin obstáculo podrían haberse llevado y hasta sistemáticamente hubiera debido hacerse así a la Ley 11.

Se pueden avanzar dos razones de por qué esto no ha sido así, de las cuales una sería que las modificaciones del

ET por la Ley 10/1994 tienen en efecto como finalidac directa e inmediata el *fomento de la ocupación* de qu habla su título. La otra sería *grosso modo* inversa, a saber que las modificaciones del Estatuto por la Ley 11/199 sólo indirecta, por no decir remotamente, afectan al dicho *fomento,* de forma que es la Ley 10 la que en realidac atiende a las necesidades actuales del «mercado de trabajo» Volveré al final sobre esto.

En segundo término, la profunda imbricación en la Ley 11 de las normas sustantivas y de las normas procesale sobre las relaciones de trabajo, tradicional en nuestro Derecho, especialmente en materia de despidos; tradición que se conserva y que da su lógica a que una misma Ley al tiempo modifique *determinados artículos del Estatuto d los Trabajadores y* [determinados artículos] *de la Ley d Procedimiento Laboral.* Sin entrar en este tema aquí s dejo dicho que el profesional debe tener al mismo tiempo a la vista las modificaciones de la LPL y del ET, si es que quiere entender unas y otras; si se quiere generalizar no se puede saber Derecho del Trabajo sin saber Derecho Procesal del Trabajo; y viceversa, por supuesto.

V. Sobre algún tema de fondo

Seleccionamos a continuación algunos problemas básicos de los muchos que plantean las nuevas normas.

A) *La contratación temporal*

No se comprende bien por qué en la modificación de artículo 15 del Estatuto de los Trabajadores, se suprime su antiguo número 2 que autorizaba la celebración de «contratos de trabajo de duración determinada ... cuando el Gobierno haga uso de la autorización prevista» en el artículo 17.3; porque al seguir éste en vigor, el Gobierno puede seguir haciendo lo que hasta ahora había hecho al amparo del derogado artículo 15.2, esto es, «regular medidas de ... duración ... [del] empleo que tengan por objeto facilitar la colaboración de trabajadores demandantes de empleo».

Imagino que la razón para ello está bien en un purismo sistemático —«diferenciar netamente la regulación *común* del contrato por tiempo determinado [de la de] la contratación temporal *para el fomento del empleo,* acentuando su carácter coyuntural», pudiera ser en efecto la razón, como nos dice Carmen PASCUAL ALLEN *(Forma, período de prueba y duración del contrato de trabajo,* pág. 96, en F. VALDÉS DAL-RÉ, dir., «La Reforma del Mercado laboral», Valladolid, 1994)— en sí poco objetable, aunque quizá revelador de dudas respecto de la naturaleza de la situación que pide que el empleo se fomente; bien en que, en conexión con lo anterior, se quiera eliminar la norma en virtud de la cual el Gobierno, haciendo uso de la autorización, había a su vez autorizado con amplitud las contrataciones temporales «coyunturales»: el Decreto 1989/1984, que la Ley 10/1994 deroga expresamente. Aunque la derogación no tiene efectos retroactivos, con lo cual, siendo de hasta tres años la duración posible de los contratos temporales celebrados a su amparo, aún le queda una larga vigencia transitoria, que se compagina con la autorización de tipo parecido, aunque más restrictiva, para celebrar en el año 1994 contratos temporales que también pueden tener una duración de hasta tres años (disposición adicional 6.ª de la Ley 10/1994). Con lo que la derogación del ET, artículo 15.2 es más bien simbólica, dándose por la Ley al Gobierno un amplísimo plazo transitorio de respiro, para que vea mientras tanto cómo evoluciona la situación del empleo, cuyas circunstancias son las que están, es claro, en la base de las disposiciones para fomentarlo mediante contratos temporales.

B) *Colectivos mayores y menores*

La distinción entre colectivos mayores y colectivos menores —de la que se usa para fijar el régimen de las decisiones empresariales sobre «movilidad geográfica» de los trabajadores, modificaciones sustanciales de las condiciones de trabajo y despidos por «causas económicas, técnicas, organizativas o de producción»— está concebida en los artículos 40, 41 y 51 [nuevos] del ET, sin duda, como medida de flexibilización, al quitar trabas a las facultades empresariales respecto de los «menores». Lo que cabe dudar es que, si tal es su finalidad, puede en efecto cumplirla, por los riesgos de revocación e indemnización —las cuantiosas de los despidos improcedentes, si de despidos se trata— si las decisiones adoptadas no están ajustadas a derecho, como por hipótesis lo estarían, puede decirse, si hubieran sido autorizadas administrativamente.

Aparte de que, quizá, haya aquí una laguna de importancia, a saber, si el Fondo de garantía salarial responde abonando a fondo perdido el 40 por 100 de las indemnizaciones de despido por crisis de empresas de menor de 25 trabajadores, esto lo hace, según el artículo 33.8 del ET cuando «la relación laboral se haya extinguido *como consecuencia del expediente instruido...*». *¿Quid* si no hay expediente, cómo no lo hay para los colectivos menores? Quien quiera entender que entienda. Y si se entendiera que desaparece el soporte del FGS, sería éste uno de los casos, como bien dice Fernando VALDÉS, en que una diferencia cuantitativa produce consecuencias cualitativas (*Los despidos por causa económica,* en el mismo, «La reforma...», cit., pág. 399). Ver *infra,* IX ADICIONES.

Por supuesto que las decisiones administrativas autorizantes antiguas eran en general impugnables ante la jurisdicción contencioso-administrativa, como lo siguen siendo hoy las referentes a colectivos «mayores». Pero ahora, respecto de los colectivos «menores», la jurisdicción se atribuye a la Social a la que los asuntos llegan, por exponerlo de algún modo, sin la depuración a que el expediente administrativo forzaba y cumplía, aparte de la depuración que se operaba en los recursos en vía administrativa antes de llegar a la contencioso-administrativa; de ahí que las decisiones sobre éstos, con frecuencia hablaran del carácter «estimativo» de la decisión administrativa, que el Tribunal Contencioso no revisaría salvo en caso de «error manifiesto o desajuste notorio o deficiencia grave de fundamentación».

(Un nuevo paréntesis aquí: en general colectivos «mayores» son los formados por, al menos, 10 trabajadores en las empresas que ocupen más de 100; el 10 por 100 de los trabajadores de las empresas que ocupen entre 100 y 300; 30 en las que ocupen más de 300. Los despidos que a ellos afecten son los que necesitan autorización administrativa; también los despidos de la totalidad de una plantilla de más de 5. Colectivos «menores» son los que no excedan de estos límites.)

C) *De nuevo sobre el aprendizaje*

Me he referido ya a los contratos de aprendizaje como contratos de fomento del empleo; el fomento se procura autorizando su celebración hasta los veinticinco años (con tres años de duración máxima, lo que quiere decir que puede haber y habrá aprendices de veintiocho años; aparte de que para el trabajador minusválido no hay límite de edad); disminuyendo el tiempo de formación «teórica» al 15 por 100 de la jornada; fijando la retribución del aprendiz (salvo convenio colectivo que la fije mayor) en el 70, 80 ó 90 por 100 del salario mínimo interprofesional; y eliminando de la «protección social» del aprendiz las prestaciones, y por tanto las cotizaciones, para desempleo y económicas por incapacidad temporal no derivada de accidente de trabajo o enfermedad profesional (que se cubrirán, en su caso, por las prestaciones asistenciales o «no contributivas» del sistema de Seguridad Social).

D) *Los contratos a tiempo parcial*

La autorización amplísima de los contratos de trabajo «a tiempo parcial», es característica; incluso por tiempo inferior a 12 horas a la semana o 48 horas al mes (reténgase que los tiempos normales de trabajo son en general de 40 horas a la semana o 170 al mes), en cuyo caso hay una reducción de prestaciones y cotizaciones como en el aprendizaje; aparte de que en todo caso sólo se cotiza por los salarios percibidos «efectivamente ... en función de las horas trabajadas» (dice el art. 4.3 de la Ley 10/1994 y confirma la disposición adicional 7.ª de la Ley de Seguridad Social [Texto Refundido aprobado por Real Decreto Legislativo 1/1994, de 20 de junio] de 1994).

(Por cierto: la LSS 1994 opera una pronta y primera derogación, expresa, de la Ley 10/1994, la del número 5 de la disposición adicional 2.ª de ésta, probablemente porque contenía referencia a unas normas (la Ley 26/1990, de pensiones no contributivas) que la LSS [disposición derogatoria única, apartado *y)*] deroga, en cuanto incluidas en su refundición, e implícitamente sustituye por su propio art. 144.1, párrafo último. Perdóneseme este galimatías. Las normas en cuestión se referían y refieren a las pensiones no contributivas de inválidos que sean contratados como aprendices.)

E) *Procesos efectivos y arbitrajes hipotéticos*

La «judialización» extremada a que, en especial la LETyPL nos lleva, debe ser subrayada. En efecto, retomando los ejemplos del apartado anterior, cuando sean impugnadas las decisiones empresariales sobre colectivos menores, el Juez habrá de apreciar directamente, para declararlas o no justificadas y, en consecuencia, confirmarlas o revocarlas, si contribuyen «a mejorar la situación de la empresa a través de una más adecuada organización de sus recursos, que favorezca su posición competitiva en el mercado o una mejor respuesta a las exigencias de la demanda» (art. 40.1, art. 41.1 y art. 51.1, de redacción similar, aunque con variantes que no es preciso detallar aquí).

En relación con lo recién dicho, en las reformas así del Estatuto de los Trabajadores como de la LPL, hay intentos evidentes de sustituir los procesos por arbitrajes. Dejando a un lado el procedimiento arbitral para las «reclamaciones en materia electoral» (nuevo art. 76 del ET, completado con los nuevos arts. 127 a 136 de la LPL), cuyo objeto es el sumamente específico que resulta de su denominación, se prevé el establecimiento de procedimientos arbitrales para una gama amplia de asuntos —«resolver las discrepancias surgidas en los períodos de consulta previstos en los arts. 40, 41, 47 y 51 de esta Ley» (que son de los modificados del Estatuto de los Trabajadores)— en el nuevo artículo 85, de un lado; y, de otro lado, se añaden nuevos párrafos al artículo 95, del ET ambos, para posibilitar con carácter general que en los convenios marco del artículo 83 del Estatuto se establezcan «procedimientos, como la mediación y el arbitraje para la solución de las controversias colectivas derivadas de la aplicación e interpretación de los convenios colectivos»; «procedimientos —dice el muy importante párrafo final del añadido al art. 91— [que] será asimismo utilizable en las controversias de carácter individual, cuando las partes expresamente se someten a ellos». Interrumpiendo o suspendiendo por cierto la tramitación de los arbitrajes en cuestión los plazos de prescripción o de caducidad de acciones, según la enrevesada adición al artículo 65 de la LPL.

Sin entrar en el detalle de estas reformas, podrían hacerse sobre ella las reflexiones siguientes:

— Que los procedimientos arbitrales en materia laboral están para evitar conflictos abiertos, y no para sustituir los procedimientos judiciales; concebirlos para lo segundo más que para lo primero, es un error grave del enfoque.

— Que por ello mismo, son apropiados los arbitrajes laborales más para los conflictos colectivos que para los individuales, respecto de los cuales, por otro lado, es constitucionalmente difícil precluir el acceso a la jurisdicción.

Tampoco puede precluirse el acceso a la jurisdicción en los conflictos colectivos, es claro, pero ésta puede y debe, en estos últimos, limitarse muy estrictamente a laudos y absolutamente *ultra vires* o con deficiencias gravísimas de los derechos de audiencia y defensa; de otra forma el arbitraje se convierte en una vía previa tediosa, y dispendiosa de dinero y tiempo. Lo que quiere decir que los fundamentos, *ex* LPL artículo 128 (nuevo), de la demanda de impugnación del laudo, deben ser interpretados con extremo rigor, pues de otra forma fracasará la institución arbitral en los conflictos colectivos que es donde puede y debe ser eficaz.

Por lo demás, la conflictividad individual no debe asustar, porque en lo laboral estricto no es tan importante como se cree. Lo que abruma los órganos de la Jurisdicción Social, son los pleitos en materia de Seguridad Social, no los laborales. Es el apartado *b)* que no el apartado *a)* del artículo 2 de la LPL el que produce una litigiosidad abrumadora.

* * *

Ni en las disertaciones agoté, ni agoto ahora al reseñarlas, los otros muchos temas de la *Reforma laboral;* pero sí me referí en aquéllas, como ya he dicho, a dos cuestiones en concreto, demostrativas del pozo casi sin fondo en el que hay que introducirse para la exégesis de cualquier precepto. Me referí en concreto a la protección por el Fondo de Garantía Salarial de las retribuciones del alto directivo y a la derogación de la disposición final 4.ª del Estatuto de los Trabajadores.

Paso a ellas.

VI. El directivo y el Fondo de Garantía Salarial

La disposición adicional 2.ª de la Ley 11/1994 dice así:

> Las retribuciones del personal de alta dirección gozarán de las garantías del salario establecidas en los artículos 27.2, 29, 32 y 33 del Estatuto de los Trabajadores.

La disposición derogatoria única, párrafo tercero de la misma Ley, dice así:

> Se deroga expresamente el número 1 del artículo 15 del Real Decreto 1382/1985, por el que se regula la relación laboral de carácter especial del personal de alta dirección.

Naturalmente, en vista de este último texto, el intérprete va al precepto derogado para ver cuál es el sentido y contenido de la derogación. Y se encuentra con que el Real Decreto 1382/1985, artículo 15.1, que dice:

> Las retribuciones del personal de alta dirección gozarán de las garantías del salario establecidas en los artículos 27.2, 29 y 32 del Estatuto de los Trabajadores.

Esto le lleva a una relectura, comparada ahora, del párrafo transcrito de la disposición adicional 2.ª de la Ley 11/1994, para apreciar en seguida que el precepto nuevo es idéntico al antiguo, salvo que en el nuevo se menciona el artículo 33 del ET que el antiguo no mencionaba.

El artículo 33 es el que el ET destina a regular el *Fondo de Garantía Salarial* (FGS en adelante) que, como es sabido, hace frente al pago de determinados salarios y determinadas indemnizaciones debidas al trabajador por su empresario en caso de insolvencia de éste; el precepto ampara a los trabajadores esto es, a las personas ligadas al empresario por un contrato de trabajo.

La conclusión inicial de la lectura comparada es que el alto directivo, pese a ser trabajador [con contrato de trabajo «especial»; ET art. 2.1.*a)*], por las razones que fueran —y sin ilegalidad, dada la amplitud de ET art. 2.2— no disfrutaba de las garantías del FGS y que la modificación legislativa consiste en disponer que disfrute de ellas.

Lo que ocurre es que esta modificación tiene tras de sí una complejísima historia jurisprudencial, nacional e internacional, y doctrinal de un lado; como ocurre por otro que la reforma, aun atendida la cuestión básica que quiere resolver, deja pendientes cuestiones adicionales de trascendencia.

Comencemos por la historia pasada.

Ante los Tribunales se ha planteado numerosas veces si los salarios del personal de alta dirección estaban o dejaban de estar protegidos por el FGS.

Interpretando *a contrario* el hoy derogado artículo 15.1 del Real Decreto 1382/1985, una serie de sentencias así del Tribunal Central de Trabajo (sentencias de 27 de enero y 7 de junio [dos sentencias de esta última fecha] de 1988 [Ar. 955, 4397 y 4399]); como del Tribunal Supremo, Sala de lo Social (sentencia de 29 de enero de 1990 [Ar. 230]) habían decidido que el personal directivo estaba fuera del ámbito de protección del FGS. Fue criticada doctrinalmente esta jurisprudencia (por R. ALONSO

GARCÍA, *Apuntes sobre una progresiva integración judicial del Derecho comunitario en el ordenamiento laboral español,* en «REDT», núm. 44, 1990) comentando otras de Tribunales inferiores, concretamente la del Tribunal Superior de Justicia de La Rioja de 27 de marzo de 1990, que había entendido, bien a juicio del comentarista, que en vista de las obligaciones internacionales asumidas por España, «el único crédito de salarios de trabajadores por cuenta ajena no asegurado por el Estado en caso de insolvencia del empresario es el de los empleados domésticos al servicio de una persona física».

Nuevas sentencias del Tribunal Supremo, y ahora con el relieve característico de las dictadas en unificación de doctrina, siguieron manteniendo la tesis de la exclusión; en unas primeras sentencias (de 13 de junio y 15 de julio de 1991 [Ar. 5147 y 5944]) manteniendo que para la aplicación en España de la directiva 80/987 CEE, anterior a nuestra adhesión a los Tratados de las Comunidades, se contaba con hasta 36 meses, aún no transcurridos desde 1 de enero de 1986 (posición ésta que fue nuevamente criticada por R. ALONSO GARCÍA en *De nuevo sobre el Derecho comunitario. El personal de alta dirección y el Fondo de Garantía Salarial,* en «REDT», núm. 57, 1993).

Una sentencia posterior, sin discutir ya la posible aplicación de la directiva mencionada, dijo que ésta no amparaba la pretensión de que fuera el FGS quien hubiera de responder en el pleito (en el que efectivamente, el alto directivo demandante había demandado al FGS, al que se absolvió) sin que hubiera lugar a entrar «en la posible responsabilidad del Estado» por vía distinta a la que el Fondo representaba (sentencia del Tribunal Supremo, Sala de lo Social, en unificación de doctrina, de 30 de diciembre de 1992 [Ar. 10382]). Y aún en una sentencia más reciente de la Sala, también en unificación de doctrina, de 14 de marzo de 1994 («Actualidad Jurídica de Aranzadi», 1994, núm. 148), revocando la de instancia que impuso la responsabilidad al FGS en favor del alto directivo «por imperativo de lo dispuesto en la directiva CEE 80/987 ... en relación con la modificación introducida por la directiva 87/1984», sigue insistiendo en la inexistencia de derecho a la protección del Fondo de Garantía Salarial del alto directivo, declarando que las directivas en cuestión «no bastan para que los particulares puedan invocar [sus] disposiciones ante los órganos judiciales nacionales».

Tuvo el Tribunal Constitucional la posibilidad de pronunciarse en cuanto al tema, no haciéndolo por entender que correspondía a los Jueces y Tribunales decidir si a un caso eran aplicables unas normas jurídicas y no otras, sin necesidad siquiera de tener que explicarlo porque, dijo, «una exigencia de esta naturaleza resultaría una carga excesiva para los órganos jurisdiccionales, carente de apoyatura constitucional». En virtud de lo cual dejó estar una sentencia del Tribunal Superior de Justicia de Madrid, que había rechazado la aplicación al caso de las directivas cuestionadas (sentencia del Tribunal Constitucional 180/1993, de 31 de mayo, que comentó también R. ALONSO GARCÍA, en ALONSO OLEA-MONTOY MELGAR, *Jurisprudencia Constitucional sobre Trabajo y Seguridad Social,* tomo XI, ref. 753).

Hora es ya de ver exactamente qué dicen las directivas comunitarias de que se trata y cuáles son las obligaciones asumidas por España en cuanto a ellas.

La directiva del Consejo de la CEE (de 20 de octubre de 1980, 80/987/CEE) tiene por objeto *la aproximación de las legislaciones de los Estados miembros relativas a la protección de los trabajadores asalariados en caso de insolvencia del empresario.* Destacamos por lo importantes, a nuestros efectos, dos preceptos de la directiva en cuestión:

— El primero es el precepto de fondo contenido en el artículo 3.1, conforme al cual:

> Los Estados miembros deben adoptar las medidas necesarias a fin de que las instituciones de garantía aseguren ... el pago de los créditos impagados de los trabajadores asalariados que resulten de los contratos de trabajo o de relaciones laborales y que se refieren a la retribución correspondiente al período anterior a una fecha determinada (para cuya fijación da reglas adicionales).

— El segundo es el artículo 1.2, según el cual:

> Los Estados miembros podrán excepcionalmente excluir de la aplicación de la presente Directiva los créditos de determinadas categorías de trabajadores asalariados en razón de la naturaleza especial del contrato de trabajo o de la relación laboral de aquéllos, o en razón de la existencia de otras formas de garantía que ofrezcan a los trabajadores asalariados una protección equivalente.

Un anexo de la directiva, parte integrante de la misma contiene la lista de trabajadores asalariados excluidos por Grecia, Irlanda, Países Bajos, Reino Unido e Italia, en virtud del artículo 1.2.

La directiva 80/987/CEE forma parte del «acervo comunitario» y por tanto, fue asumida por España al incorporarse a la Comunidad.

Pero sin duda, habiéndose percatado el Consejo de la CEE de la posibilidad de exclusión, invitó al Gobierno español, o éste *motu propio* decidió, proceder a las exclusiones a las que la autorizaba el artículo 1.2.

El resultado fue una nueva directiva «por la que se modifica, con motivo de la adhesión de España, la directiva 80/987/CEE sobre la aproximación a las legislaciones de los Estados miembros relativas a la protección de los trabajadores asalariados en caso de insolvencia del empresario», en cuyo preámbulo se lee que «en virtud de dicha disposición [el art. 1.2], el Reino de España ha solicitado la exclusión del ámbito de aplicación de dicha directiva a los empleados domésticos al servicio de una persona física, en razón de la naturaleza especial de la relación laboral de estos trabajadores. Y el texto de cuyo artículo 1 consiste en la adición al anexo de la directiva 80/987/CEE del punto siguiente:

B. ESPAÑA:

Empleados domésticos al servicio de una persona física.

Déjese dicho lo obvio, a saber, que no aparece la más mínima referencia al personal de alta dirección.

La pregunta que puede formularse es la del por qué del impacto de estas directivas en el tiempo de la tramitación de la Ley 11/1994 precisamente. Posible acicate para resolver el problema —llamando tal a la oposición entre la legislación interna y la forma como era interpretada por la jurisprudencia, que no por la doctrina, nacionales y las directivas comunitarias— estuvo en las actuaciones del Tribunal de Justicia de las Comunidades Europeas que por aquel tiempo venía conociendo de cuestión prejudicial planteada por el Tribunal Superior de Justicia de Cataluña en asunto próximo si no igual al resuelto por las decisiones del Tribunal Central de Trabajo y del Tribunal Supremo que se han mencionado. En 15 de julio de 1993, ya se presentaron las conclusiones del Abogado General en el asunto «Teodoro Wagner Miret *contra* el Fondo de Garantía Salarial (demanda de decisión prejudicial presentada por la Sala de lo Social del Tribunal Superior de Justicia de Cataluña)», proponiendo en sustancia la solución que poco después sería la del Tribunal (sentencia de 16 de diciembre de 1993), cuya decisión tiene estas tres conclusiones:

1.ª Los altos directivos «no pueden quedar excluidos del ámbito de aplicación de la directiva 80/987/CEE del Consejo, de 20 de octubre de 1980 ... en su versión modificada por la directiva 87/164/CEE del Consejo de 2 de marzo de 1987, ya que el Derecho nacional [español] los califica de trabajadores asalariados y no figuran [excluidos] en ... el *Anexo* de la directiva».

2.ª El alto directivo no tiene, en virtud de la directiva 90/987, derecho a solicitar el pago de los créditos salariales a la institución creada por el Derecho nacional [español] para las demás categorías de los trabajadores asalariados, esto es, no tiene pretensión contra el Fondo de Garantía Salarial.

3.ª Si el Derecho nacional [español] no permite asegurar el goce de las garantías que la directiva prevé al personal de alta dirección, éste tiene derecho a solicitar del Estado miembro, esto es, a España, «la indemnización de los perjuicios sufridos como consecuencia del incumplimiento [por España] de la directiva en lo que a dicho personal se refiere».

En vista de todo lo cual, podría decirse, la reforma del Estatuto supone una huida no mal concebida hacia adelante, cortando el nudo gordiano y de una vez diciendo que el personal de alta dirección, como asalariado no excluido, tiene derecho a la protección del Fondo de Garantía Salarial.

Por supuesto quedan problemas pendientes, entre ellos, que se nos ocurran:

— Los de derecho transitorio, para situaciones anteriores a la decisión del Tribunal Comunitario, o de la propia Ley 11/1994, distinguiendo entre las que hayan sido judicialmente planteadas y las que no lo hayan sido, y dentro de las segundas, según que haya recaído o no sobre ellas sentencia firme.

— El FGS protege no sólo determinadas retribuciones pendientes de pago, en caso de insolvencia del empresario, sino también, para el mismo supuesto, determinadas indemnizaciones en caso de extinción del contrato de trabajo. La cuestión es: ¿la extensión de la protección del FGS al alto directivo comprende sólo las retribuciones o las retribuciones y las indemnizaciones? Nótese que, de un lado, la disposición adicional 2.ª de la Ley 11/1994, habla precisa y solamente de las retribuciones, y que lo que es preciso garantizar para cumplir con las directivas comunitarias refiere también sólo a las retribuciones.

— Lo anterior influido por la presencia, más bien por la ausencia de cotizaciones al FGS, inexistentes las cuales es difícil ver cómo puede existir derecho a las prestaciones, aparte de que —se me ilustró en el coloquio siguiente a una charla mía sobre estos temas en la Universidad Pompeu Fabra— hubo altos directivos que habían cotizado y que, vista la jurisprudencia del Tribunal Supremo, habían pedido a la Tesorería General de la Seguridad Social la devolución de las cuotas como indebidamente pagadas; y la Tesorería General había aceptado la reclamación y hecho la devolución, etc.

Creo que para demostrar la complejísima serie de temas que existen tras un precepto aparentemente elemental de una norma, de la Ley 11/1994 en el caso, lo dicho es bastante; y aún dejo de entrar, en cuanto a esta norma en concreto, en otra serie de problemas, y bien interesantes, entre ellos el híbrido residual en que deviene el RD 1382/1985, con todas sus normas con el rango propio de la disposición que las contiene, excepto su artículo 15.1, elevado al rango propio de la ley formal; lo que llevaría a estudiar cuál es en verdad el rango, y la naturaleza como norma, del Real Decreto en cuestión; naturaleza que compartiría con todos los decretos reguladores de las relaciones especiales de trabajo de la lista, por lo demás abierta, del artículo 2 del Estatuto de los Trabajadores (temas sobre los que remito a M. ALONSO OLEA y María E. CASAS BAHAMONDE, *Derecho del Trabajo,* 13.ª edición, Facultad de Derecho de Universidad Complutense, 1993: «Conformaciones normativas atípicas», págs. 719-726).

VII. LA DEROGACIÓN DE LA DEROGATORIA

Sentido similar al anterior tiene, aunque quizá de portada más amplia, la cuestión a la que voy a referirme, bajo la no sé si enigmática rúbrica que precede.

La disposición derogatoria única de la Ley 11/1994 aparte de la fórmula general de derogar las normas que a ella se opongan, menciona una serie de preceptos expresamente derogados (entre ellos, como se vio, el núm. 1 del art. 15 del RD 1382/1985, de 1 de agosto) y entre ellos también, y esto es lo que nos importa ahora, ... *expresamente la disposición final 4.ª de la Ley 8/1980, de 10 de marzo, del Estatuto de los Trabajadores.*

En lo que aquí interesa, la disposición final 4.ª en cuestión, dice:

> Las disposiciones con rango de ley que regulan cuestiones relativas a jornadas, salarios y cualesquiera otros aspectos y circunstancias de las relaciones laborales individuales no regulados por esta Ley, continuarán en vigor en calidad de normas reglamentarias y podrán ser derogadas o modificadas por el Gobierno, a propuesta del Ministerio de Trabajo y Seguridad Social.

Entre esas disposiciones con rango de ley, se encuentra —mencionada expresamente como derogada en la disposición final 3.ª del mismo ET— el Texto Refundido de la Ley de Contrato de Trabajo aprobado por Decreto de 26 de enero de 1944 (LCT en adelante).

Cabe una primera interpretación: Como no se trata sencillamente del viejo problema de que las normas derogadas no recobran su vigencia, cuando a su vez es derogada la norma que las ha derogado, si no el más complejo aquí de que las normas en cuestión no habían sido derogadas, sino que seguían en vigor aunque degradadas al nivel de normas reglamentarias, cabe una primera interpretación, digo, en el sentido de que lo derogado es la degradación o, si se quiere, la posibilidad de que el Consejo de Ministros por su cuenta y riesgo, regule materias con rango de ley.

Pareciéndome aventurada, aunque no sea un dislate puro, la anterior interpretación, congruentemente me parece más conforme con el sentido de la Ley 11/1994, que lo que se deroga es la norma transcrita de la disposición transitoria 4.ª del ET *in toto,* esto es, que las normas derogadas que figuran en la disposición transitoria 3.ª, entre ellas por tanto la LCT, quedan, digámoslo así, absolutamente derogadas y no subsisten siquiera como normas reglamentarias. El Consejo de Ministros no tiene necesidad de derogarlas ya, ni puede, porque han quedado ya derogadas por ley.

Ocurre que esta segunda interpretación plantea numerosos problemas, en especial en lo referente a la LCT.

En efecto, las lagunas del ET precisamente en cuanto a las «relaciones laborales individuales» —los «aspectos ... no regulados por esta Ley» [el ET]— eran, y siguen siendo, muy abundantes y para colmarlas se acudía a los preceptos de la LCT. Basta para ello consultar cualquier Manual de Derecho del Trabajo o aún más inmediatamente, cualquier recopilación de legislación vigente. Así los autores de la 12.ª edición de *Legislación Social Básica* de «Civitas» (J. E. SERRANO MARTÍNEZ, J. P. LÓPEZ LÓPEZ y M. SEQUEIRA DE FUENTES) con naturalidad colocan tras el ET, la LCT y anotan que ésta, aludiendo al «juego combinado de las disposiciones finales 3.ª y 4.ª del ET» es como bien dicen, «un caso ejemplar de vigencia deslegalizada de una norma ... salvo que se defienda la existencia de lagunas impensables del ordenamiento laboral».

La cuestión es qué pasa ahora, tras la «derogación de la derogatoria», con estas lagunas.

A una de ellas me voy a referir.

Falta en el ET, y por consiguiente se viene dando con razón como vigente degradada, la regla del artículo 54, párrafo 3.°, de la LCT, conforme al cual:

> No podrá verificarse el pago de salarios en días de descanso, ni en lugares de recreo, tabernas, cantinas o tiendas, salvo cuando se trate de obreros empleados en alguno de estos establecimientos.

El precepto vino a la LCT desde el artículo 46, párrafo 3.°, de la Ley de Contrato de Trabajo de 1931; a éste desde el artículo 13, párrafo 2.°, del Código del Trabajo de 1926; y a éste, desde el artículo 4 del Real Decreto de 18 de julio de 1907, que a continuación transcribo, para que pueda hacerse la comparación con la norma de 1944 —vigente hasta 1994, según se ha dicho— y se compruebe la continuidad de los textos.

Dice así el artículo 4 del Real Decreto de 18 de julio de 1907:

> No podrá verificarse el abono de salarios en lugar de recreo, taberna, cantina o tienda, salvo cuando se trate de obreros empleados en alguno de estos establecimientos.

Raído, según parece, del ordenamiento jurídico, el artículo 54.3 de la Ley de Contrato de Trabajo de 1944, con toda ella, ¿dónde nos hallamos respecto a esta prohibición tan terminante, específica y tradicional en cuanto al lugar del pago del salario?

Afortunadamente, en este caso no tiene que acudir a las salvíficas buenas costumbres quien crea que es mala la que estaba prohibida, porque la norma sigue existiendo y vigente en España en cuanto incluida en el convenio de la

OIT núm. 95, de 1 de julio de 1949, ratificado por España, publicado en el BOE de 22 de agosto de 1959, en cuyo artículo 13.2 se lee:

> Se deberá prohibir el pago del salario en tabernas u otros establecimientos similares y, cuando ello fuere necesario, para prevenir abusos en las tiendas de venta al por menor y en los centros de distracción, excepto en el caso de personas empleadas en dichos establecimientos.

Otros muchos preceptos de la LCT han sido afectados por la «derogación de la derogatoria» y ni mucho menos todos han tenido la buena fortuna del relativo al lugar del pago del salario. Pero estudiar cuáles son y los problemas que cada uno de ellos en su terreno plantea, es tema en el que no puedo entrar aquí, sólo he querido presentar un segundo botón de muestra de las complejidades que existen tras un precepto tan aparentemente simple como es el de la derogación de la ley anterior por la ley posterior.

VIII. CONSIDERACIONES FINALES

Con estas tres disertaciones, ni mucho menos se agota el estudio de las normas de 1994 sobre «Reforma del Mercado de Trabajo»; sólo he querido dar una impresión breve sobre ellas que, por lo demás, hemos estudiado en profundidad María Emilia CASAS y yo mismo en la *Actualización* de octubre de 1994 a la 13.ª edición citada de nuestro *Derecho del Trabajo.*

Debo decir que para el Derecho del Trabajo español antiguo contamos desde 1987 con la excelente recopilación de Antonio MARTÍN VALVERDE *et al., La Legislación Social en la Historia de España. De la Revolución Liberal a 1936;*

en su pág. 140 aparece el texto del Real Decreto de 18 de julio de 1907. Para textos posteriores, también antiguos, los de las sucesivas ediciones (1943, 1951 y 1968) de las *Leyes Sociales de España,* «Medina y Marañon», cuya última edición me cupo el honor de dirigir con don José CASTÁN TOBEÑAS.

En E. GIMÉNEZ CHORNET, *Los Convenios de la OIT ratificados por España,* puede consultarse la lista de todos éstos, con indicación de sus respectivas fechas de: 1. Adopción por la Conferencia de la OIT; 2. Entrada en vigor; 3. Ratificación por España; 4. Registro en la OIT de esta ratificación; 5. Entrada en vigor para España; 6. Publicación en el BOE. Las del Convenio núm. 95 en la pág. 596, de la «Revista Española de Derecho de Trabajo», núm. 66, 1994, págs. 581 a 606, en que aparece este trabajo de GIMÉNEZ CHORNET.

IX. ADICIONES

Una nota de penúltima hora, para decir que el último día del año 1994 (BOE del sábado 31 de diciembre) se publicó la Ley 42/1994, del anterior día 30, de *Medidas fiscales, administrativas y de orden social,* la conocida como Ley «de acompañamiento» [de la *de Presupuestos Generales del Estado para 1995,* Ley 41/1994, de la misma fecha y publicada en el mismo BOE]. Y que en esta Ley se vuelven a modificar preceptos del ET, incluso de los tan recientemente modificados por las Leyes 10 y 11/1994. Ninguna de estas modificaciones, alguna importante, afecta a la sustancia de este trabajo. En fin, la Ley «de acompañamiento» modifica también y muy profundamente el aún más reciente *Texto Refundido de la Ley de Seguridad*

Social (RD Legislativo 1/1994, de 20 de junio; BOE de 29 de junio).

Nota de hora última es la publicación en el BOE de 29 de marzo de 1995 del RD Legislativo 1/1995, de 24 de marzo, que aprueba el Texto Refundido del Estatuto de los Trabajadores; entre las disposiciones que se refunden figuran las pertinentes de las Leyes 10, 11 y 42/1994. Fiel a su origen legislativo, incluso en lo asistemático y descoyuntado, aparece en la disposición adicional 5.ª del nuevo ET el precepto conforme al cual «las retribuciones del personal de alta dirección gozarán de las garantías del salario establecidas en los artículo 27.2, 29, 32 y 33 de esta Ley».

Por cierto, volviendo a la Ley «de acompañamiento»: modificó ésta (y recogió la modificación, es claro, el texto refundido de 1995 del ET) el artículo 33 del ET [viejo], adicionando un nuevo inciso —«... o por la causa prevista en la letra *c)* del artículo 52»—, número 8, corrigiendo así el *lapsus* a que me referí antes, en páginas 66-67.

LA REFORMA DEL MERCADO DE TRABAJO (II)

SUMARIO

I. INTRODUCCIÓN.

II. LA CAUSA Y EL OBJETO DE LA REFORMA.

III. EL CONTENIDO DE LA REFORMA.

- A) *La activación directa —o la desactivación— del empleo.*
  - *a)* Incentivación de los contratos de trabajo por tiempo indefinido.
  - *b)* Desactivación de la contratación por tiempo determinado.
  - *c)* El nuevo carácter de los contratos de aprendizaje.
  - *d)* La desaparición del procedimiento público de empleo.
- B) *La flexibilización.*
  - *a)* Flexibilidad numérica.
    - *a')* Los despidos colectivos.
    - *b')* El trabajo a tiempo parcial.
  - *b)* Flexibilidad funcional.
    - *a')* Movilidad geográfica.
    - *b')* Modificación de las condiciones de trabajo.

I. Introducción

«La razón es una sola: el paro.»

«Y detrás de todo el espectro del paro.»

«Puestos de trabajo, la prioridad absoluta.»

Si con el panorama de fondo que tan escuetamente describen estas citas, todas ellas de documentos recientes de la Comunidad Europea, se emprende algo a lo que se titula *Reforma del Mercado de Trabajo,* se comprende que ello necesariamente ha de tener como objetivo primordial enfrentarse con los problemas que lo configuran.

Desde este plano vamos a describir primero y a tratar de enjuiciar, al hilo de la descripción o tras ella, *Las Leyes Españolas de Reforma del Mercado de Trabajo de 1994,* que tal sería el título no abreviado de este ensayo.

Las leyes en cuestión son tres:

— Ley 10/1994, de 19 de mayo, sobre medidas urgentes de fomento de la ocupación.

— Ley 11/1994, por la que se modifican determinados artículos del Estatuto de los Trabajadores [ET en adelante], del Texto articulado de la Ley de Procedimiento Laboral [LPL en adelante] y de la Ley sobre Infracciones y Sanciones en el Orden Social.

— Ley 14/1994, de 1 de junio, por la que se regulan las empresas de trabajo temporal [ETrT en adelante].

(Todas estas leyes tienen ya un copioso, y creciente, desarrollo reglamentario; la 10/1994 fue pronta, bien que no sustancialmente, modificada, y el ET nuevamente modificado, por la Ley 42/1994, de 31 de diciembre, «de acompañamiento» —tipo remozado de ley «autobús» o de cajón de sastre normativo— a la Ley 41/1994, del mismo día, de Presupuestos Generales del Estado de 1995. Siguiendo un hábito normativo poco feliz, la Ley «de acompañamiento» modifica, en este caso sustancialmente, la Ley de Seguridad Social [LSS en adelante] cuyo Texto Refundido, larga, lenta y laboriosamente elaborado, apenas contaba —fue publicado el 29 de junio de 1994— con seis meses de vigencia; me apresuro a decir, puesto que no voy a tratar aquí de cuestiones de seguridad social, que estas modificaciones dejan inédito el tema de las pensiones de un lado y confirman el desgajamiento de la seguridad social, ya operado por la LSS, de las prestaciones sanitarias.)

II. La causa y el objeto de la reforma

La una y el otro son patentes en la Ley 10/1994 en su mismo título *(fomento de la ocupación)* y desde el primer párrafo de su exposición de motivos, a tenor de la cual «la gravedad de la situación económica y su incidencia en el mercado de trabajo conceden prioridad a la necesidad de acometer, de manera decidida y urgente la reforma de las relaciones laborales con el objetivo de luchar contra el paro y potenciar nuestra capacidad generadora de empleo».

No lo son tanto en la Ley 11/1994; no lo son, por supuesto, en su título neutro; sólo fugazmente en la exposición de motivos, larga y discursiva, se nos dice que «el objetivo de proteger el empleo existente y de fomentar la creación de empleo» es el que persigue la reforma del ET. En cambio son continuas las referencias a la adaptabilidad y a la flexibilidad que se busca en las relaciones laborales, si bien lo a su vez buscado a través de aquéllas ha de ser intuido o leído entre líneas; en lo que esta exposición de motivos, por cierto, no difiere de la de tantas otras normas que, cuando hacen algo más que pedir disculpas por lo que mandan, disimulan el contenido de lo mandado, especialmente si los mandantos no son portentosos o, simplemente, no son agradables ni simpáticos. Con todo, y aunque por otras vías perseguido, tratar de ahuyentar el espectro del paro es también el fin dominante para esta Ley.

A la misma conclusión se puede llegar respecto de la Ley 14/1994; aparte de cantar las glorias hoy de las hasta ayer denostadas ETrT, se nos justifica la dulcificación de las reglas en cuanto a ellas, la autorización de su existencia, hasta entonces prohibida, porque «pueden canalizar un volumen muy importante de empleo...; constituyen un mecanismo importante para acceder a la actividad laboral».

III. El contenido de la reforma

No siéndonos lícito presentar sin orden ni concierto las medidas múltiples que en las leyes dichas plasman la reforma, intentemos, pese al abigarramiento de aquéllas —prescindiendo de las que no son parte de la reforma que aquí importa (así el acogimiento del personal de alta dirección bajo la protección del Fondo de Garantía Salarial para cumplir con lo ordenado por sentencia del Tribunal de Justicia de las Comunidades Europeas)— intentemos, digo, una ordenación distinguiendo entre medidas directas de fomento del empleo y medidas indirectas; y dentro de estas últimas, con terminología que tiende a generalizarse, entre medidas de flexibilidad numérica y medidas de flexibilidad funcional.

A) *La activación directa —o la desactivación— del empleo*

Varias son las medidas que puede colocarse bajo esta rúbrica, intencionadamente equívoca, a saber: la contratación indefinida incentivada, la contratación por tiempo determinado [de momento] desactivada, la nueva configuración de los contratos de aprendizaje y la desaparición virtual del procedimiento público de empleo.

a) Incentivación de los contratos de trabajo por tiempo indefinido

Se quiere que el contrato por tiempo indefinido, y con él el principio de «estabilidad en el empleo», siga siendo la regla general de nuestro sistema de relaciones laborales; el contrato temporal aparece como la excepción, pese a haber dejado de ser tal y a encarnar más bien un principio nuevo, contradictorio con el de estabilidad. El resultado es que al operarse al tiempo con los dos principios se hace padecer al ordenamiento una especie de esquizofrenia, en el sentido que, a menos que se opere con una pulcritud técnica extremada en la celebración de los contratos, y aun con ella, las partes, trabajador y empresario, carecen muy frecuentemente de certeza acerca del tipo de contrato de trabajo, indefinido o por tiempo determinado, que han celebrado.

El efecto es el desconcierto y la desconfianza hacia el ordenamiento jurídico que, en este punto, como en muchos otros, precisa de una claridad que no se ha querido o que no se ha podido obtener; que en cualquier caso que no existe, y que la reforma nada decisivo ha hecho para obtenerla. Nunca se insistirá bastante sobre los efectos letales de la inseguridad jurídica, afectante aquí a las dudas sobre la duración del contrato de trabajo, dirimidas por decisiones forzosamente erráticas que aumentan la inseguridad, y con ella la desconfianza.

Por supuesto que lo anterior sólo en sentido figurado y retórico, digamos, incentiva la contratación por tiempo indefinido; que esto ocurra en estos casos es fruto del azar más que de otra cosa.

A la incentivación directa atienden las subvenciones a fondo perdido y las bonificaciones de las cuotas de seguridad social (excluidas las de accidentes de trabajo, es claro) si y cuando se conviertan en indefinidos los contratos temporales (de minusválidos, de mayores de 45 años, de parados más de un año; de mujeres «subrepresentadas»; volveré sobre esto). En todo esto no hay novedad notable, sino que se continúan aplicando normas anteriores, a las que la Ley 10/1994 remite, ignoro si por haber constatado su eficacia, de lo que no tengo constancia, o por no ser imaginables otras que lo sean más; o por aburrimiento en cuanto a la imposibilidad actual de incentivar la contratación indefinida, en especial cuando ésta se intenta que sea para algo a lo que llama «jornada completa», esto es, en general, la legal actual, aunque en regresión, de 40 horas semanales.

b) Desactivación de la contratación por tiempo determinado

Desativación parcial pero evidente.

Prescindiendo *en esta sede* —linda y aun a veces útil expresión— de un complejo análisis jurídico de textos, baste decir que hasta la Ley 10/1994 «las empresas [podían] celebrar contratos de trabajo de duración determinada ... para la realización de sus actividades cualesquiera que fuera la naturaleza de las mismas» *con cualquiera trabajadores inscritos como parados* en las Oficinas de Empleo. A partir de la Ley 10/1994 esto deja de ser posible; «las empresas [seguirán pudiendo] contratar temporalmente para la realización de sus actividades cualquiera que fuere la naturaleza de las mismas», pero sólo (y retomo aquí el cabo que quedó suelto) a los mismos trabajadores, exceptuadas las mujeres, respecto de los cuales se bonifica en su caso la conversión en indefinido el contrato temporal, esto es, minusválidos, mayores de 45 años y parados más de un año; y esto no en virtud de una norma de vigencia indefinida (carácter que tenían tanto el derogado art. 15.2 del ET como el expresamente derogado RD 1989/1994) sino en virtud de normas de vigencia anual (las de la Ley 10/1994, para el año 1994, fueron ya sustituidas por las de la Ley «de acompañamiento», para 1995; en 1996 Dios dirá) con lo que la inseguridad afecta aquí a la regulación misma. Leyes anuales para decir cuál es la duración posible de los contratos de trabajo celebrados bajo su breve imperio. Dándose a sí mismo el Gobierno de esta forma plazos de respiro, habida cuenta de que, no obstante la vigencia anual de las normas que los autorizan, la duración de los contratos temporales que se celebren puede llegar a tres años, además de que *ex lege* puede autorizarse su prórroga más allá de éstos.

Es este el sentido en que puede decirse, inseguridad aparte, que las derogaciones citadas son simbólicas. Por supuesto sin escatimar ningún elogio respecto de norma que procure la contratación de cualquier forma que esta sea de trabajador minusválido o mayor de 45 años, la crítica debe dirigirse hacia la exigencia del «período de carencia» de un año de paro para la contratación temporal («... que lleven inscritos como parados al menos un año») porque esto afecta a los trabajadores que por vez primera acceden al mercado de trabajo, los trabajadores jóvenes especialmente, que son los más intensamente afectados por el paro.

Esto nos lleva al punto siguiente.

c) El nuevo carácter de los contratos de aprendizaje

El contrato de aprendizaje, viejísimo (si se nos permite: está ya regulado en el Código de Hamurabi, *circa* 1753 a. de C.) es un contrato mixto en virtud del cual, dicho simplemente, se trabaja a la vez que se aprende, con las prestaciones de enseñanza y de trabajo indisolublemente unidas, predominando una u otra según las épocas y los oficios, bien pagando el aprendiz, su familia, al empresario-maestro un precio por la formación, bien pagando éste a aquél un salario por el trabajo.

Pues bien: la importante innovación en éste respecto de la Ley 10/1994 consiste en que el contrato de aprendizaje, sin dejar de ser tal, ha pasado además a ser, y aun esencialmente a ser, un contrato temporal de fomento del empleo; de lo que es signo y símbolo que su nueva regulación se haya hecho en una ley *de fomento de la ocupación* [la 10/1994] y no en una de reforma del ET [la 11/1994] pese a la derogación formal del artículo 11 de éste, sustituido por la nueva regulación (que desde luego se ha incorporado al art. 11 del nuevo texto del ET [*infra* VII]).

Que tal es el caso se demuestra porque:

— Los aprendizajes pueden concertarse con personas «menores de 25 años» (antes menores de 20); como el contrato puede durar hasta tres años, puede haber aprendices de hasta 28 años.

— En líneas generales, el tiempo de formación técnica del aprendiz puede reducirse hasta el 15 por 100 de la jornada (antes hasta el 25 por 100).

— El salario del aprendiz puede ser inferior al 70, 80 ó 90 por 100 (y aún menor si así se pacta en convenio colectivo) del mínimo interprofesional.

— No se cotiza por los salarios del aprendiz para los riesgos (que quedan por tanto sin cobertura) de incapacidad temporal (salvo la prestación sanitaria), por riesgos comunes y de desempleo.

— Se elimina toda duda acerca de la naturaleza temporal del contrato (su «duración no podrá ... exceder de tres años»).

Los alicientes para la contratación de «aprendices» en estas condiciones son realmente notables, lo que da veracidad a las informaciones sobre su importancia creciente y, quizá, a la derivación hacia ella de la obstaculizada contratación temporal, ya aludida, de trabajadores, léase trabajadores jóvenes, sin período «de carencia» en el paro.

Realmente, si en algún lugar, es en los aprendizajes, como especie de contratación temporal, donde se halla la activación directa del empleo.

d) La desaparición del procedimiento público de empleo

«Se elimina la obligación del empresario de contratar a través del Instituto Nacional de Empleo» como efectivamente hace la Ley 10/1994, cuyo preámbulo explica por qué: porque no servía sino para «la simple constatación del [trabajador] previamente elegido [y por cualesquiera otros medios contratado] por el empresario ... como ocurrió en más del 90 por 100 de los casos durante el último año». Tras este cántico a la utilidad el INEM —en efecto apenas reducida a la de «apuntarse al paro», esto es, a la inscripción como parado para percibir las prestaciones de desempleo— se dice por decir que «se prohíbe la existencia de agencias de colocación con fines lucrativos», aunque la prohibición se diluye al prever que se autoricen si cobran «exclusivamente por los gastos ocasionados por los servicios prestados», lo que reza de entes no exactamente gratuitos.

Con seguridad esto agiliza la contratación, y más conservándose, como se conservan, las «empresas ... de selección de trabajadores» de un lado; y de otro al autorizarse la existencia de las ETrT, esto es de empresas que contratan trabajadores para cederlos temporalmente a otras para «satisfacer necesidades temporales» [de personal] de éstas.

Estas son las de cal; las de arena (o al revés, como se quiera) se hallan en la insistencia de registro *a posteriori*, la exigencia de forma escrita especial que esto normalmente exige y —en el supuesto *b) supra*— la subsistencia de la obligación de «contratar a los trabajadores a través de la Oficina de Empleo».

B) *La flexibilización*

En general, puede decirse, mientras que las normas de activación directa pretenden la creación de empleo, las de activación indirecta que se comprenden bajo la expresión *flexibilidad* o *flexibilización* tienden a evitar que los empleos se destruyan o a que esto ocurra en medida o con dureza menor de la que sin ellas tendrían lugar. No es, sin embargo, absolutamente nítida la distinción entre unas normas y otras; ni lo es la que dentro de las de flexibilización distingue entre las de flexibilidad numérica y las de flexibilidad funcional.

a) Flexibilidad numérica

Se entiende por tal la que busca el acomodamiento del personal [del número de personas] ocupado en la empresa o de los tiempos [del número de horas] de trabajo del personal ocupado, para —citando de una de las fórmulas utilizadas por la Ley 11/1994— «garantizar la viabilidad futura de la empresa y del empleo en la misma a través de una más adecuada organización de los recursos», o ayudarla «a superar una situación económica negativa» (nueva redacción, con ligerísimas variantes, de los arts. 40.1, 41.1 y 51.1 del ET).

Esto se quiere obtener a través de una nueva regulación de los despidos colectivos «fundados en causas económicas, técnicas, *organizativas o de producción*» (novedad las dos últimas expresiones, lo que contribuye, parece, a la flexibilización, volveré sobre esto) y a través de una amplitud mayor en la contratación a tiempo parcial.

a') Los despidos colectivos

Colectivos y por las causas citadas; se dejan a un lado los despidos *disciplinarios* en los que no hay modificación notable; ni falta que ella hiciera, porque las indemnizaciones por ellos debidas, si a esto es a lo que se objeta, si algo, son bajas, dada la gravedad del injusto que las causa (aunque queda siempre la ruleta de la prueba y apreciación de la causa en un pleito que, como virtualmente gratuito, casi nunca deja de promoverse por el despedido, y la desazón que origina el que no se aprecie su concurrencia, y haya por tanto, y por lo menos, que pagar, cuando se cree que el injusto no ha existido; pero esto es difícilmente remediable en un derecho sancionador con sanciones sujetas a revisión). También se prescinde de los despidos *individuales, aun económicos* —los disciplinarios son siempre individuales— por su trascendencia escasa a los efectos que aquí importan (salvo la desaparición masiva súbita de puestos individuales de trabajo: porteros y serenos; cobradores de transportes colectivos;

operadores de centralitas telefónicas; siento no tener espacio para entrar en esto, en la pluralización de lo individual para convertirse en colectivo).

Característica de los despidos colectivos era (y en parte sigue siendo, se verá) que sólo podían hacerse con autorización administrativa, concedida a través de un llamado expediente de crisis o de regulación de empleo, no por decisión del empresario, con lo que éste tenía (y tiene, se verá) que negociarlos con la Administración (hoy en los más de los casos con las de las Comunidades Autónomas, a las más de las cuales se han otorgado competencia en esta materia como de «ejecución... de la legislación laboral»; art. 149.1.7.ª de la Constitución), dificultad a la que se añadía la de que al extenderse inevitablemente la negociación a las indemnizaciones debidas por el despido (veinte días de salario por año de antigüedad; no cuantiosas, por tanto) resultaban aumentadas ante el temor de que, de no otorgarse, se demorara la concesión de la autorización, o no se concediera ésta.

Esta es en sustancia la situación de los despidos «por causas económicas...» objeto de reforma por la Ley 11/1994 que, en sustancia también, distingue entre:

— *Despidos colectivos mayores,* llamando tales a los que al menos afecten a 10 trabajadores en las empresas que ocupen menos de 100; al 10 por 100 a las que ocupen entre 100 y 300; a 30 en las de 300 o más; en todo caso si el despido afecta a la totalidad de la plantilla y ésta es de más de 5 trabajadores. Para ellos sigue el régimen anterior de autorización administrativa sin modificación notable. Sobre los «acuerdos» previos posibles, ver *infra* IV.B).*c)*.

— *Despidos colectivos menores,* los que quedan por debajo de aquellos límites; el empresario puede despedir por su propia decisión, sin autorización.

En ambos casos las decisiones pueden ser revisadas por los Jueces o Tribunales; por los contencioso-administrativos las de la Administración que autorice o niegue la autorización para despedir, *en los mayores;* por la Jurisdicción Social la decisión de despedir del empresario, *en los menores.* Con todo —y con todos sus riesgos, incluido el no pequeño de que la decisión empresarial sobre los despidos *menores* sea declarada improcedente o nula— puede entenderse que la reforma de la Ley 11/1994 es una medida de flexibilización, a lo que contribuirá que la Administración y eventualmente los jueces extraigan alguna consecuencia de que tras ella los despidos se justifican también por «causas ... organizativas o de producción» que miran hacia la sobrevivencia de la empresa con personal reducido.

En cualquier caso, téngase en cuenta que, con seguridad, la «destrucción» de puestos de trabajo que ocurre a través de los despidos analizados es menor a la que ocurre por otras vías, señaladamente la de amortización de las vacantees producidas en la vida normal de la empresa por jubilaciones —que a su vez pueden ser anticipadas e incentivada la anticipación— o por ceses voluntarios. Y que unas y otras, a su vez destruyen empleos en número muy inferior a los que dejan de crearse para producciones similares o idénticas. La no creación es muy superior a la destrucción, y aquélla es debida a circunstancias muy profundas, escasamente afectadas por reformas cualesquiera del mercado de trabajo; sobre esto diremos algo al final.

Con todo, el impacto psicológico de la flexibilización de los despidos de colectivos menores puede ser importante, especialmente para las empresas pequeñas que es donde están las fuentes de creación de empleo —incluidas las de la economía sumergida— no en las grandes, en las que la obsolescencia de las tecnologías en más intensa y ruinosa y lo son por tanto las «destrucciones» de empleo; de ahí que éstas tiendan, al tiempo o tras su propia reestructuración, a diversificar su organización a través de redes de empresas pequeñas contratistas o subcontratistas incluso expresamente creadas con tal fin. El *out-sourcing* es realidad generalizada y creciente. Todo estímulo o incentivación del empleo en empresas pequeñas es poco; y no peca de excesivo el que nuestra reforma del mercado de trabajo procura. (Por cierto, la terminología [*out-sourcing*] y el problema que expresa ha llegado al Tribunal Supremo, y en él ha sido estudiado y resuelto con profundidad y acierto, en caso nada sencillo [sentencia de la Sala 4.ª, *de lo Social,* de 27 de octubre de 1994, Ar. 8531].)

b') El trabajo a tiempo parcial

Previsto este contrato en la redacción inicial de ET, artículo 12 (sucesivamente modificada por las Leyes 32/1984, 10/1994 y «de acompañamiento» 42/1994, e incorporada la actual al texto de 1995 del propio ET [*infra,* VII] art. 12), lo que se busca es agilizar esta forma de contratación y procurar su expansión; flexibilizando así numéricamente los días y horas de trabajo del personal ocupado.

Realmente, la incentivación de esta forma contractual es ya antigua, al establecerse en 1980 la cotización a la seguridad social por las horas efectivamente trabajadas al día, y no por días completos cualquiera que fuera el número de horas trabajadas. Las reformas consisten ahora en autorizar la contratación a tiempo parcial «por tiempo indefinido o por duración determinada», cuando esto a su vez quepa, conforme a las normas que incentivan los contratos temporales; y en reducir las cotizaciones de seguridad social (cuando el tiempo de trabajo sea muy reducido: inferior a 12 horas a la semana o 48 al mes; tiempo parcial en general es el inferior al habitual en la actividad de que se trate) a las de accidentes de trabajo, asistencia sanitaria, descanso por maternidad y Fondo de Garantía Salarial.

Por ver está si esta flexibilidad efectivamente se alcanza, lo que es ciertamente deseable, no sólo porque el tiempo parcial distribuye mejor la escasez de trabajo característica de nuestra época, sino porque además se acomoda a determinados sectores de ocupación, señaladamente al de las mujeres y en especial al de las mujeres casadas. Reiterando una vez más la multirrepetida afirmación de que el acceso masivo de la mujer a los mercados de trabajo externos es el fenómeno laboral más importante de nuestra era, repárese en que el trabajo a tiempo parcial es un fenómeno sustancialmente femenino. En España trabajaban a tiempo parcial, en 1992, el 2 por 100 de los varones y el 13,7 por 100 de las mujeres (porcentajes comparativamente significativos, aunque en cualquier caso muy bajos *ambos,* si comparados en términos absolutos con los de otros países de la Unión Europea; los máximos en Holanda [13,4 y 62,9 por 100] y Reino Unido [6,3 y 45 por 100].

Desaparece el encorsetamiento formal a que estaba sujeta la contratación estacional o de temporada (pasa a ser una forma de trabajo a tiempo parcial: «... horas ... *al año* ... inferiores...» a las normales), no así sin rigidez sustancial que, si acaso, se aumenta, pese a una remisión explícita a lo pactado en convenio colectivo.

Sobre este importantísimo tipo de remisiones a la negociación colectiva y sus efectos, volveremos.

(Una vez más se regula en la Ley 11/1994, el contrato de relevo; en la jurisprudencia no aparece ni rastro de este tipo de contrato, lo que puede tenerse por seguro indicio del muy limitado uso de esta forma de *job-sharing;* en el texto de 1995 del ET, aparece en el núm. 4 del art. 12; el de temporada se sepulta en un segundo párrafo del número 2.)

Debe insistirse, no hay duda, sobre la conveniencia de conseguir una flexibilidad máxima para todas las variantes de contratación, que ayude a generalizarlas.

b) Flexibilidad funcional

Entendiendo por tal la que busca acomodamientos internos del personal a puestos de trabajo variables de la empresa y, por consiguiente, a las necesidades productivas de ésta, facilitando los traslados de trabajadores de unos puestos de trabajo a otros y eliminando las barreras rígidas de derechos adquiridos, determinados por la colocación de cada trabajador en una serie, rígida también, grupo-subgrupo-categoría-especialidad/oficio.

Conviene distinguir entre las que, en la terminología legal anterior y posterior a la reforma, se denominan movilidad geográfica y movilidad funcional.

a') Movilidad geográfica

La flexibilización consiste en que si antes de la reforma se exigía autorización administrativa, previo expediente, para un traslado que exigiera cambio de residencia, esto mismo puede hacerse ahora directamente por el empresario, tanto en los traslados individuales, como en los de colectivos *menores* [en el sentido ya visto, *supra a).a')*], sujeta siempre la decisión empresarial a revisión judicial, si ésta se demanda.

b') Modificación de las condiciones de trabajo

Mucha más importancia tiene este tipo de movilidad, especialmente la que se refiere a «modificaciones sustanciales de las condiciones de trabajo». Rígidamente controladas antes éstas («habrán de ser aprobadas por la Autoridad laboral, previo informe de la Inspección de Trabajo», decía el antiguo ET art. 41.1), pueden ser llevadas a cabo ahora por decisión del empresario, sin necesidad de autorización administrativa previa, afectando a la jornada, horario o turnos de trabajo, sistemas de fijación de los salarios y de los rendimientos; y cambios mismos del trabajo a ejecutar («función» a desempeñar por el trabajador) sin otra limitación que la derivada de la titulación académica profesional que pueda resultar precisa para un determinado puesto.

Todo esto siempre que:

— las modificaciones sean «de carácter individual», entendiendo aquí por tales las de las condiciones de trabajo de que disfruten los trabajadores «a título individual», lo que quiere decir que pueden ser varios y aun muchos los afectados; o,

— sean de colectivos *menores* [también en el sentido de *supra a).a')*], respecto de las que colectivo tal disfrute por virtud de pacto o concesión colectiva del empresario.

Las decisiones del empresario también sujetas a posible revisión judicial.

Si se trata de colectivos *mayores,* las modificaciones sustanciales sólo son posibles si se convienen de «acuerdo entre la empresa y los representantes de los trabajadores»; lo que es una nueva remisión a la negociación colectiva. Pero aquí con la novedad importantísima de que el convenio estatutario o formal puede en esto ser modificado por uno informal o impropio. La redacción sibilina del nuevo ET, artículo 41.1.2.3.°, «la modificación de las condiciones establecidas en los convenios regulados en el Título III de la presente Ley, *sólo* podrá producirse por acuerdo entre la empresa y los representantes de los trabajadores», no oculta el cambio, trascendental se insiste, que supone el reconocimiento explícito de que un convenio colectivo estatutario o propio pueda ser modificado por otro impropio o informal [vuelvo sobre esto en *infra* IV.B)*.a)*]. Pero esta posibilidad no alcanza, para los colectivos mayores, al cambio de funciones.

Es aquí también evidente que se está buscando la supervivencia de la empresa a través de la adaptación de su personal. Como para los despidos colectivos, la modificación sustancial de las condiciones de trabajo se subordina a que existan razones económicas, técnicas, organizativas o de producción que lo aconsejen, porque su adopción contribuya a una organización más adecuada de los recursos de la empresa «que favorezca su posición competitiva en el mercado o una mejor respuesta a las exigencias de la demanda». Teleología ésta que debiera tenerse muy en cuenta, así por las representaciones del personal, sean sindicales, sean «unitarias» internas (éstas hasta hoy en gran medida trasunto de las sindicales, y viceversa: los candidatos en las elecciones a comités de empresa [que no son órganos sindicales] figuran en listas cerradas, confeccionadas por los sindicatos), como por los jueces que habitualmente hayan de resolver sobre si las decisiones, acordadas o no, se impugnan ante ellos. Porque aquí también la judialización, aunque limitada por el acuerdo, de los temas laborales es característica de la reforma.

Quizá convenga llamar la atención sobre que lo anterior no va a ser favorecido por la reciente y copiosa multiplicación de titulaciones profesionales, si a través de ellas se establecen monopolios de ocupación, cotos cerrados para los titulados. Y concluir diciendo que para los colectivos «mayores» el convenio colectivo formal no puede ser modificado por el informal en cuanto a jornada ni en cuanto a funciones.

IV. La reforma en la negociación colectiva y en los convenios colectivos

Merecen estas reformas el epígrafe especial que se les va a dedicar por las siguientes razones, entre otras muchas:

1.ª «La potenciación de la negociación colectiva y la mejora de sus contenidos [es] el segundo [el primero es la activación y flexibilización que han quedado expuestas], gran hilo conductor de la reforma», dice una y otra vez el preámbulo de la Ley 11/1994, y algo de ello ha de haber, por mucho que se desconfíe de los preámbulos, dada la insistencia de éste.

2.ª Cualquier reforma legal basada en la negociación colectiva transmite a ésta la actualización de su contenido; la reforma efectiva se produce en este segundo nivel, si llamamos primero al legal, y de él depende su eficacia.

3.ª En España la negociación colectiva comprende varios niveles; señaladamente dos, el estatutario o formal y el impropio —o extraestatutario, o informal, o de eficacia imitada—; surgido este segundo de la práctica negocial, desconocido por la ley y reticente ante él la jurisprudencia, tiene pujanza cada vez mayor; alcanza su reconocimiento expreso en la Ley 11/1994 [ya se ha visto un ejemplo de esto en *supra* III.B).*b*).*b'*), a propósito de la modificación sustancial de condiciones de trabajo; hay muchos otros].

4.ª Repárese siempre en esto; la *negociación* colectiva —sus sujetos, su objeto, su procedimiento, etc.— condiciona el *convenio* colectivo; éste es ininteligible sin aquélla. De ahí que los textos hablen al tiempo *De la negociación y de los convenios colectivos* (rúbrica del título III del ET).

5.ª Olvidado por muchos, y aun aplastado por normas imperativas, ha estado siempre y sigue estando el contrato individual de trabajo; la novedad está en que en la Ley 11/1994 aparece ocasionalmente como regulador, aparte de ser su fundamento implícito como en cualquier ley de relaciones de trabajo de país libre.

Sin entrar en las porciúnculas últimas de su construcción, ni en lo que cada una de ellas acoge, distingamos entre negociación y convenio colectivo formal, *id.* informal o de eficacia limitada, y contrato individual.

A) *La negociación formal y el convenio estatutario*

Dos son las novedades básicas.

En primer lugar la previsión expresa de las cláusulas de «descuelgue». Los convenios colectivos supraempresariales necesariamente, «establecerán las condiciones y procedimientos por los que podría *no* aplicarse el régimen salarial del mismo a las empresas cuya estabilidad económica pudiera verse dañada como consecuencia de tal aplicación». *Res ipsa loquitur* tanto sobre la importancia del precepto de no aplicación como su referencia única a los salarios, sin previsión de su uso para las reformas estructurales.

En segundo lugar la autorización expresa de convenios colectivos que no mejoren, y aun que empeoren, o sencillamente que cambien, las condiciones de trabajo de un convenio anterior. El convenio que sucede a otro «puede disponer de los derechos reconocidos» en éste, aplicándose íntegramente el nuevo; con toda la importancia que tiene la renuncia colectiva plena («íntegramente») a mejoras colectivamente adquiridas, teniendo en cuenta además que mejoras tales pueden referir y de hecho refieren a materias múltiples, además de a las salariales y ser precisamente mejoras de futuro incluidas las «mejoras» de prestaciones de seguridad social, cuestión bien compleja ésta como lo viene siendo el de su posible absorción y compensación.

Sumadas estas dos reformas (del art. 82, núm. 3 del ET), el marco de la negociación colectiva, y por consiguiente el contenido del convenio colectivo, en efecto queda ampliado; a la actitud de los negociadores colectivos, organizaciones de trabajadores y de empresarios hay que estar; un ejemplo este del traslado de la reforma al «segundo nivel» del que se habló.

A la negociación colectiva estatutoria o formal se confía también la sustitución por convenios colectivos de las ordenanzas laborales y reglamentaciones de trabajo, *el proceso de desaparición de nuestro ordenamiento jurídico laboral de las viejas manifestaciones de la regulación heterónoma de carácter sectorial de las relaciones laborales,* delicioso ejemplo de churriguerismo, de la Orden de 28 de diciembre de 1994, que quizá le sirva para compensar el fracaso que acusa: sesenta y una ordenanzas y reglamentaciones «se prorrogan íntegramente», y nueve más «se prorrogan parcialmente». No parece excesivo calificar esto de fracaso de la negociación colectiva *qua* sustituyente de la norma sectorial estatal.

B) *La negociación informal y el convenio impropio*

Los que generalmente denomina «acuerdos entre el empresario y los representantes de los trabajadores» (acuerdos intraempresariales con el empresario y el comité de empresa [o los delegados del personal para los centros de trabajo con menos de 50 trabajadores] como protagonistas, aparecen en la Ley 11/1994, hoy en texto de 1995 del ET, en múltiples ocasiones y con carácter tan variado que consiente seguramente otros criterios de clasificación además del que se va a usar aquí.

a) El convenio informal derogatorio del formal

Ya me he referido a su manifestación más clara; vuelvo sobre ella por su importancia relativa y por su novedad: «la modificación [sustancial] de las condiciones [de trabajo, sobre horario, turnos y sistemas de trabajo y remuneración; *no* sobre jornadas ni funciones] establecidas en los convenios colectivos regulados en el título III [del ET, es decir, en convenio estatutario] sólo podrán ser modificadas [para colectivos *mayores*] por acuerdo entre la empresa y los representantes de los trabajadores». El desconcertante «sólo» da la impresión de que estamos ante una limitación, cuando es todo lo contrario; cierto que la ampliación no es espectacular, pero tampoco es banal y en algunos casos puede ser importante (así en cuanto a los horarios, ya ocurrida en el pasado y objeto de alguna decisión desacompasada del Tribunal Constitucional).

b) El convenio colectivo informal supletorio del formal

El «descuelgue [*supra* A)], si el convenio colectivo formal no contiene cláusula al respecto —pese a que conforme a la Ley debiera contenerla [nuevo ET art. 85.2.*c)*]—, «*sólo* podrá producirse por acuerdo entre el empresario y los representantes de los trabajadores cuando así lo requiera la situación económica de la empresa». Recuérdese que el descuelgue se refiere únicamente a los salarios, como se remacha: «la determinación de las nuevas condiciones *salariales* se producirá mediante acuerdo...» (aquí también el *sólo* disimula la ampliación de la contratación informal presentándonosla como restricción).

También supletorio («en defecto de») es el convenio impropio respecto del formal en cuanto, entre otros extremos, al «sistema de clasificación profesional», materia crucial ésta; documentación del salario; distribución de la jornada a lo largo del año; o irregular por día.

c) El «acuerdo» y el convenio colectivo informal como único posible

Los despidos colectivos *mayores* precisan, como vimos de autorización administrativa [*supra* III.B)*.a).a')*]; pero esto cuando no se obtenga, durante el llamado «período de consultas» previo a la iniciación del expediente administrativo, un acuerdo entre el empresario «y la mayoría de los miembros del comité o comités de empresa, de los delegados de personal en su caso, o de representaciones sindicales, si las hubiere, que, en su conjunto, representen a la mayoría de aquéllos» (nuevos arts. 40.2, 41.4 y 51.4 del ET). Este «acuerdo» es insustituible para obviar la intervención de la administración; pero ya nos referimos al condicionamiento intenso de ésta por la posibilidad de acuerdo y, por tanto, por la negociación y las actitudes de las partes si el acuerdo no se obtiene.

Dogmáticamente existen graves dificultades para decir que estos «acuerdos» son convenios o pactos colectivos, ni siquiera informales o impropios, en cuanto que con ellos, como bien dice el Tribunal Supremo, «se atienden situaciones concretas y extraordinarias derivadas de [los] despido[s]... y no alterar con proyección permanente y futura...» (sentencia de la Sala *de lo Social* de 27 de diciembre de 1994 [Ar. 10508]; de «pacto colectivo singular» titula el de su especie; no son tales, ni aun singulares, en el sentido de especiales, precisamente por carecer de la vertiente normativa que caracteriza al convenio colectivo, como prosigue la sentencia).

Próximos a estos «acuerdos» son los previstos para los traslados; son, en cambio normativos, propios convenios o pactos colectivos los previstos para la modificación sustancial de las condiciones de trabajo de los colectivos *mayores,* precisamente porque cuentan con aquella «protección permanente y futura», esto es, normativa. En ambos casos, la finalidad del acuerdo es ahorrar discusiones posteriores respecto de la decisión que el empresario adopte sin acuerdo; no ahorrar la decisión administrativa que no es precisa aunque deje de haber acuerdo.

En todo esto en general, las novedades sustanciales introducidas por la Ley 11/1994 son, de un lado, que cualquiera que sea la naturaleza jurídica del acuerdo de que se trate, para obtener el cual «las partes deberán negociar de buena fe», tiene el acuerdo que justificarse —como la decisión administrativa supletoria, o la unilateral del empresario en su caso— por su fin de «garantizar la viabilidad futura de la empresa y del empleo en ella»; y de otro lado que estos acuerdos forman ahora parte del extenso panorama convencional que se está examinando, «hilo conductor» de la reforma.

(Son también numerosos los supuestos en que el convenio estatutario es el único que se prevé, aparte de los dos citados *supra* A; así para la identificación de los trabajos para obra o servicio determinados; llamamientos para contratos de temporada variable [*supra* III.B).*a).b')*]; duración del período de prueba; retribución del trabajo nocturno; ascensos; cambio de funciones. No se aprecia ningún principio claro por virtud del cual se prescinda para ellos del convenio informal como alternativo o supletorio.)

C) *Convenio colectivo y contrato individual de trabajo*

Inopinadamente, el contrato individual de trabajo aparece en la reforma que lleva a cabo la Ley 11/1994 como regulador —como constitutivo lo es siempre— de l relación, esto es, de las condiciones de trabajo. Y e materias no intrascendentes: salarios o premios de anti güedad y su cuantía; estructura del salario en toda s extensión, incluidos sus complementos; pausas en la jor nada continuada —el tiempo del «bocadillo», origen d pleitos abrumadores—; compensación por horas extraor dinarias.

Una mínima experiencia laboral, o un somero estudi de la jurisprudencia, demuestra la importancia de toda estas materias, aunque sólo sea por la frecuencia de la discusiones sobre las mismas. De ahí que deba subrayars la reaparición respecto de ellas del contrato individua como regulador, aunque normalmente lo sea en defect de regulación colectiva.

Es difícil precisar hasta qué punto esto responde a l individuación de las relaciones de trabajo, a la que aludir al concluir.

D) *Reflexión general sobre «la potenciación de la negociación colectiva y la mejora de sus contenidos»*

La contemplación de todo lo que se acaba de deci —incluido lo último acerca del contrato individual— mues tra que, en efecto, ambas, potenciación y dación de con tenido, se quieren por la reforma. Pero en esto en s mismo no hay novedad, puesto que ambas presidíar también la normación anterior. La novedad está:

— En la aparición pujante, unida a su consagración, d la negociación colectiva informal; y en la reaparición de contrato individual como regulador.

— Sobre todo, posiblemente: en que antes la deficiencia o falta de negociación estaba cubierta por la presencia de normas estatales supletorias, cuando no eran imperativas. Se quiere hoy que este sostén normativo desaparezca, por lo menos en su meticulosidad y en su especialización sectorial; y sólo con la negociación puede desaparecer; hay que negociar, pues; y como es impensable el establecimiento de normas para colectivos por la negociación individual —por más que se piense que ésta forzosamente ha de persistir, mientras existan relaciones de trabajo libres tal y como hoy las concebimos—, hay que negociar colectivamente. De ahí la responsabilidad de las representaciones de trabajadores y empresarios a las que se confía la negociación.

— Y negociar no sólo en cuanto a los salarios, sino en general en cuanto a las condiciones de trabajo, para la adaptación de éstas a un medio socioeconómico cambiante, y globalizado por los procesos de libre circulación internacionales.

— Trasladada en esto la reforma a un segundo nivel, y a un tercero de negociación impropia, se insiste, hay que esperar algún tiempo para ver cómo opera en éstos; la prórroga masiva de reglamentaciones de trabajo es poco alentadora en este sentido en cuanto al segundo; como lo será la prórroga de los convenios colectivos actuales sin más modificación, en su caso, que la revisión salarial.

V. La «judialización» de la materia laboral

De siempre, nuestro ordenamiento jurídico ha venido reposando sobre la confianza en la jurisdicción, y en los jueces y tribunales que la encarnan, para resolver los conflictos que en su seno se plantean.

De ahí la existencia de una Jurisdicción u orden jurisdiccional social con competencia amplísima sobre las materias de trabajo y de seguridad social. Por más que el preámbulo de la Ley 11/1994 pase sobre este tema como sobre ascuas («se modifican aquellos preceptos de la Ley de Procedimiento Laboral ... cuya adaptación viene exigida por la reforma de la ley sustantiva», esto es, del Estatuto de los Trabajadores; esto es todo lo que se nos dice), lo cierto es que su articulado reforma, en efecto, en correspondencia con su titulación, con gran precisión, la Ley de Procedimiento Laboral, aparte de, por expresarme de algún modo, las modificaciones procesales que aparecen embebidas en las de la ley sustantiva.

Lo que conviene resaltar es:

— De un lado, que la remisión de los temas a los jueces se intensifica, al aparecer como decisores, digamos inmediatos, de todos los conflictos en los cuales se elimina la autorización administrativa previa; así en el tema duro y espinoso de los despidos de colectivos menores y la modificación sustancial de condiciones de trabajo. En los lugares respectivos nos hemos referido a ello.

— De otro, que los jueces y tribunales van a tener que interpretar preceptos de contenido sumamente abierto, tales como, refiriéndonos a las materias recién citadas, los que piden para la legitimidad de las decisiones empresariales que contribuyan a superar la situación económica de la empresa, o a garantizar su viabilidad futura y la del empleo en ella, utilizando más adecuadamente los recursos a su disposición.

En esta como en tantas otras materias en nuestro presente, el juez adquiere un protagonismo social aún superior al suyo tradicional, constante entre nosotros.

Me contento con lo que acabo de decir, sin entrar aquí en este tema tan especial, salvo quizá añadir que se intentan establecer sistemas arbitrales sustitutivos, a los que se debe desear eficacia y éxito, especialmente respecto de los conflictos colectivos económicos o de intereses, donde su actuación tan necesaria es como bienvenida sería; lo que no cabe decir respecto de los pleitos individuales, vista la general desconfianza de nuestra práctica ante el compromiso en árbitros para, en general, resolver éstos.

VI. La reforma del mercado de trabajo en perspectiva

Debe evitarse que los árboles no dejen ver el bosque, desorbitando la contemplación de la reforma del mercado de trabajo o haciendo de ella una panacea para la solución de los gravísimos problemas de paro forzoso que expresan las citas, tomadas entre otras muchas, con que se ha comenzado. La contención del gasto público para generar recursos utilizables en las inversiones privadas; la contención de la inflación que destroza toda perspectiva de inversión no especulativa; en el gasto público mismo, su uso para evitar los gastos públicos consuntivos y suntuarios, entre los cuales cuenta, participando de ambos vicios, los de una burocracia elegida sin rigor, sin especialización ni eficiencia garantizadas, en crecimiento desbordante; una mínima tranquilidad política interna... Todos estos son requisitos para la continuidad del desarrollo económico del que, si no es sostenido, y sostenido a un cierto y no ínfimo nivel, no se puede esperar que sostenga niveles de empleo, mucho menos que los mejore. Al profano no le está autorizado decir más en este respecto, aunque tampoco deba dejar de decir, como lo ha hecho, lo que le parece obvio. A lo que puede añadir que una reforma del mercado de trabajo en las líneas a las que con vacilaciones responden las leyes que se han comentado, en consecuencia es condición necesaria pero no suficiente para el empleo.

De superior magnitud es el problema de si todo lo anterior es bastante para mantener los niveles de empleo cuando de verdad se globalicen los intercambios, cuando se universalicen, sin lo cual no es concebible el futuro económico ni social del planeta, salvo que éste se conciba como montado permanentemente sobre la explotación de, y la fuerza sobre, los habitantes de los países subdesarrollados.

Más allá aún queda el interrogante de cómo seguirán funcionando en el futuro los «oscuros motores» de la Historia, la demografía humana y la inteligencia de los hombres de la que son fruto sus avances científicos y las aplicaciones tecnológicas de éstos a la satisfacción de las necesidades humanas; ni cuáles vayan a ser a éstas ni cómo diferirán de las actuales, aunque desde luego hayan de diferir; ni qué dosis de trabajo humano serán precisas para satisfacerlas, visto el aumento increíble de sus rendimientos en la Revolución Industrial segunda o en la novísima Revolución a cuyo orto con seguridad estamos asistiendo; ni con qué recursos «naturales» se va a contar si prosigue el agotamiento de los actuales y la degradación de la biosfera que los produce, supuesto que ésta se mantenga habitable; ni si las estructuras sociales, económicas ni políticas actuales prestan a todo ello el marco adecuado; ni siquiera si las ciencias sociales —el Derecho, el del Trabajo en especial, la Sociología, la Economía— están con sus esquemas en condiciones de abordar sus problemas.

Quítese a todo lo anterior cualquier matiz apocalíptico, aquí impertinente y excesivo en razón de su fuente; que, con todo, se sentiría irresponsable si no lo dejara expresado. Sin ninguna originalidad, por otro lado, puesto que se trata de ideas comunes y ya casi dominantes.

VII. Adición

Aquí también una nota de última hora: la Ley 42/1994, de 30 de diciembre, *de Medidas fiscales, administrativas y de orden social* (Ley «de acompañamiento» a la de la de Presupuestos Generales del Estado para 1995; Ley 41/1994, de la misma fecha, 30 de diciembre, y publicada en el mismo BOE, del día siguiente), además de aprobar, como se dijo, el *Programa de fomento del empleo para 1995* (art. 44), e introducir algunas modificaciones no sustanciales (arts. 40 a 43; disposición adicional 16.ª) al ET —y otras, sustanciales éstas sí, a la ley de Seguridad Social, pese a su modernidad (RD Legislativo 1/1994, de 20 de junio)—, además de todo esto, digo, ordenó al Gobierno (disposición final 7.ª) que, en el plazo de tres meses elaborara un Texto Refundido del ET, al que incorporara, entre otras, las modificaciones del mismo efectuadas por las Leyes 10 y 11/1994. El mandato quedó cumplido en tiempo con la publicación en el BOE de 29 de marzo de 1995 del RD Legislativo 1/1995, que contiene el nuevo texto refundido del ET. Formalmente quedan derogadas las dos leyes citadas, así como la versión originaria del ET, de 1980, que ya había tenido alguna modificación anterior a aquéllas.

Pero es claro que la derogación formal es consecuencia del acogimiento sustancial en el nuevo texto de las Leyes 10 y 11/1994, que se derogan. Vale, pues, todo lo que en cuanto a ellas y en cuanto a la modificación de la regulación del mercado de trabajo que han operado se deja dicho.

La Ley 11/1994 ha comenzado prontamente a ser citada *obiter* por los Tribunales, aunque haciendo por supuesto la salvedad de que «es inaplicable a nuestro caso por razón del tiempo», anterior a la promulgación de la ley, en que han ocurrido los hechos objeto del enjuiciamiento (así, en sentencias del Tribunal Supremo, Sala de lo *Social,* de 16, 22 y 29 de diciembre de 1994 [Ar. 10098, 10220 y 10522] y 30 de enero de 1995 [Ar. 525], y Auto de la Sala de Conflictos, bien temprano éste, de 6 de julio de 1994 [Ar. 10582]). Lo mismo ocurrirá, imaginamos, con el Texto Refundido de 1995 del ET, aun antes de que lleguen a los Tribunales hechos a los que sea aplicable, esto es, posteriores a 1 de mayo de 1955 en que entró en vigor. Por cierto, este nuevo texto del ET contiene un precepto (disp. ad. 10.ª) —autorización al Gobierno para fijar el límite máximo de edad de la capacidad para trabajar y para la extinción de los contratos de trabajo— trasunto de otro desdichado del ET de 1980 (disp. ad. 5.ª), de inconstitucionalidad, es difícil hallar calificativos suficientemente expresivos, elemental, básica y notoria, aparte de declarada por una de las primeras sentencias, la 22/1981, de 2 de julio, del Tribunal Constitucional.

También ordenó la Ley «de acompañamiento» (disp. ad. 6.ª) la elaboración innecesaria de un texto refundido de la LPL, mandato con el que cumplió el Real Decreto Legislativo 2/1995, de 7 de abril (BOE del 11 siguiente) que tuvo la inoportuna ocurrencia, pese a la advertencia del Consejo de Estado, de alterar la numeración de los artículos, respecto del texto anterior de la LPL (de 1990) desde el artículo 138, ahora 139, hasta el artículo 281, ahora 282.

Se debe añadir, para concluir, que la no parca bibliografía sobre nuestros temas se ha visto hace unos días sustancialmente enriquecida por el libro colectivo *Reforma de la Legislación Laboral. Estudios dedicados al Profesor Manuel Alonso García,* edición de hasta treinta y dos estudios, coordinada por L. E. DE LA VILLA GIL, publicada por la Asociación Española de Derecho del Trabajo y de la Seguridad Social, Madrid, 1995 (571 págs.).